融合教育实践系列

The Educator's Handbook
for INCLUSIVE SCHOOL
Practices

融合教育
教师手册

［美］ 朱莉·考斯顿（Julie Causton, Ph.D.）
［美］ 切尔西·P.特雷西-布朗森（Chelsea P. Tracy-Bronson, Ph.D.） 著

陈 烽 朴知雨 译

华夏出版社
HUAXIA PUBLISHING HOUSE

谨以此书献给我们的学生,你们是如此了不起,给我们的生命带来如此多的感动!

谨以此书献给艾拉(Ella)和萨姆(Sam),你们是最伟大的老师!

致　　谢

来自朱莉的感谢

　　这本书讲的是教育——有意义、有思想、有情怀的教育。这样的教育，能让人们充分发挥自己的潜能、做好自己的事情、成为最好的自己。这样的教育，需要学校引入一个全新的理念，给所有学生提供优质的融合教育资源，打造学习必需的环境氛围。这本书能帮助我们以坚定的态度满怀信心地去面对融合教育过程中出现的问题，使得融合教育中的很多细致要求得以落实，而且落实的过程富有创意、充满欣喜。

　　我确实是这样想的，如果没有这些令人欣喜的教育形式——小学、初中、高中、大学、学术会议、学区组织的岗位培训，还有个别化教育计划研讨会、特殊教育纠纷听证会①等，就不会有这本书，也不会有我的职业生涯。因此，我要感谢的人很多很多——学生、老师、学者、家人和朋友。在我们写作这本书的过程中，他们给了我很多支持和启迪，有些是有形的，有些则是无形的。在这个过程中，持续给予我们动力的是一个美好的愿景——为所有孩子提供有意义的、落到实处的融合教育。有很多人让我看到了写作这本书的意义，帮我开阔思路，给我坚持下去的信心，感谢他们。

　　感谢我的学生：这些年我教过的学生有很多，而每位学生都教会了我一些东西。我尤其要感谢那些让我不得不换一个角度思考的学生，他们是：切尔西（Chelsea）、乔利安（Joryann）、里基（Ricki）、乔希（Josh）、莫厄（Moua）、布雷特（Brett）、肖尼（Shawnee）、亚当（Adam）、特雷弗（Trevor）、斯蒂芬妮（Stephanie）、格雷丝（Grace）和盖布（Gabe）。

　　感谢我的搭档：我的朋友凯茜·克兰德尔（Kathie Crandall），是你让我明白，开怀大笑真的是最能代表学习状态的表现了。

　　感谢我的老师：卢·布朗先生（Lou Brown），在我的职业生涯中，你对融合教育的坚定信念一直激励着我；艾丽斯·乌德瓦里-索尔纳女士（Alice Udvari-Solner），我能坚持下去，得益于你的睿智、远见、创意以及对所有孩子的责任心。这本书的方方面面都受到了你的影响，可以说这些影响是没有止境的。还要感谢金伯·马尔姆格伦

---

① 译注：特殊教育纠纷听证会（due process hearing），美国《残疾人教育法》规定的一种解决特殊教育纠纷的正式程序，需要学校、学生家长以及听证官三方参加。

(Kimber Malmgren)和科林·卡珀（Colleen Capper），承蒙二位老师的指导，才有了我的教育事业。

感谢我的朋友和同事：乔治·西奥哈瑞斯（George Theoharis）、切尔西·P. 特雷西-布朗森（Chelsea P. Tracy-Bronson）、凯特·麦克劳德（Kate MacLeod）、帕特·拉德尔（Pat Radel）、玛丽·拉德尔（Mary Radel）、葆拉·克拉思（Paula Kluth）、迈克尔·詹格雷科（Michael Giangreco）、迈卡·菲亚尔卡-费尔德曼（Micah Fialka-Feldman）、杰米·伯克（Jamie Burke）、道格·比克伦（Doug Biklen）、克里斯蒂·卡萨（Christi Kasa）、贝丝·费里（Beth Ferri）、托马斯·布尔（Thomas Bull）、科里·伯迪克（Corrie Burdick）、梅根·科西尔（Meghan Cosier）、克里斯蒂·阿什比（Christy Ashby）、贝丝·梅耶尔（Beth Meyer）、塔拉·阿福尔特（Tara Affolter）、史蒂夫·霍夫曼（Steve Hoffman）。

感谢布鲁克斯出版社：谢谢莎伦·拉金（Sharon Larkin）、丽贝卡·拉佐（Rebecca Lazo）、凯文·乔克（Kevin Chalk）、史蒂夫·普拉赫（Steve Plocher）以及出版社所有工作人员，感谢你们的宝贵建议和真知灼见。

感谢切尔西·P. 特雷西-布朗森：谢谢你这样一位优秀的天才成为我的朋友，和我一起写书。和你在一起一直很开心！

感谢凯特·麦克劳德（Kate MacLeod）：谢谢你审阅了好几版的书稿，也谢谢你带来的独特见解。

感谢斯蒂芬妮·佩罗蒂（Stephanie Perotti）：谢谢你每天都让我开怀大笑，谢谢你给我的生活带来了无与伦比的热情和活力。谢谢你！

感谢我的家人：谢谢艾拉·西奥哈瑞斯（Ella Theoharis）和萨姆·西奥哈瑞斯（Sam Theoharis）。是你们让我的生活充满欢乐，你们的创造力激励着我，你们的存在每天都提醒着我，这份工作有多重要。感谢盖尔·安德烈（Gail Andre）、杰夫·考斯顿（Jeff Causton）、克里斯廷·考斯顿（Kristine Causton），谢谢你们看重我的工作，为我喝彩欢呼。

来自切尔西的感谢

我的生活圈、工作圈和学术圈里有很多人都见证了我写作这本书的过程，我对他们怀着深深的谢意。这本书的成果来自我整个职业生涯的各种经历，这些经历涵盖了学校教育的方方面面，在书中各个章节均有提及。

感谢我的学生：我要谢谢我的第一批学生，是他们让我对融合教育的概念有了具体的认识。我的学生奎因（Quin）让我明白好老师应该有爱心，并且能够融入学生的生活。迈克尔（Michael）让我相信，帮助学生建立起社交圈子，带来的好处数不胜数。尤其要感谢詹姆斯（James）、泰勒（Tyler）、奈莱亚（Neleah）、卡姆琳（Camryn）、珊特尔（Shantell）、梅里（Maylee）、阿莉娅（Aaliyah）、埃玛（Emma）、安布尔（Amber）、亨特（Hunter）、亚当（Adam）、埃拉（Ella）、米凯拉（Mikayla），是你们让我懂得教师应该从不同的角度去思考、去教学，应该为学生创造引人入胜的学习环境，应该对教学充满热情。你们是我写作这本书的初衷，是你们让我明白，如果融合教育工作者都充满热情，真的就能改变学生的命运，让他们的生命轨迹有所不同。

感谢我的同事：凯蒂（Katie）就是融合教师的典范，她爱岗敬业、乐于合作。莫（Moe）是作业治疗师中的精英，总是热情地向我展示她神奇的疗法。贝丝、玛利亚和劳伦（Beth，Maria and Lauren）是我刚进这一行时的同事，感谢你们对初出茅庐的我热情引导，这才保证让所有学生都学到了有意义的课程。莉萨（Lisa）是我的教学搭档，是她手把手地带我入行。珍（Jenn）让我明白"生命可水洗[①]"，最好的学习方式就是会搞得脏兮兮的。感谢卡罗琳（Carolyn），她在学校里就是跳跳虎一般的存在，还要感谢黛安（Diane）、凯丽（Kelly）、埃琳（Erin）、艾米（Amy），他们每个人都把自己的教学绝活儿教给了我。还有很多老师跟我分享过自己的教学窍门，如帕蒂（Patty）、梅勒妮（Melanie）、罗宾（Robin）、克里斯（Cris）、埃米（Amiee）、吉姆（Jim）、丹（Dan）、安德鲁（Andrew）、肖恩（Shaun）、马特（Matt），是他们让我看到了融合教育的美好未来。

感谢凯特·麦克劳德：非常感谢你多次修改书稿，让这本书多了很多很多创意！

感谢我的老师：我在融合教育方面的思想理念以及无障碍课程的设计思路，源于几位导师为我奠定的基础。感谢朱莉·考斯顿，我在纽约市和纽约州北部所讲的每一节课，都融入了你的成果。我所取得的成绩，背后一直都有你的激励，更为重要的是，我在融合教育领域能有所作为，缘于你的引领。这样一位导师现在能和我一起写书、一起工作，甚至成为了我的挚友，我是多么幸运！托马斯·哈奇（Thomas Hatch）在学校改革中所做的工作对我的教学产生了重大影响，让我对未来的愿景有了规划。乔治·西奥哈瑞斯总是用实际行动向我证明，无论什么样的教学模式，其关键因素都是要富有爱心。你在融合教育示范学校所做的工作对我的学术研究方向产生了强烈而持久的影响。感谢卡伦·朱姆沃尔特（Karen Zumwalt），是你以自己的远见指导我、引领我，使我成为一名学者。感谢克里斯蒂·阿什比（Christy Ashby），你强调了接触和交流对重度残障学生的重要性，还让我学会与那些不会说话的人建立关系。你的指导和反馈在我的人生旅途中非常重要。特别感谢雪城大学、哥伦比亚大学师范学院的许多优秀教授。

感谢我的同事：特别感谢金伯利·勒巴克（Kimberly Lebak）、谢利·迈耶斯（Shelly Meyers）、玛丽·卢·加兰蒂诺（Mary Lou Galantino）和比尔·雷诺兹（Bill

---

[①] 译注："生命可水洗"这句话来自 Life Is Washable 公司的名字，该公司推出"魔法画笔项目"，使用创意艺术材料，为特殊需要人士提供社区支持。

Reynolds）这些顶尖的导师。还要感谢克劳丁·基南（Claudine Keenan）、帕梅拉·沃恩（Pamela Vaughan）、普里蒂·哈里亚（Priti Haria）、梅格·怀特（Meg White）、苏珊·西迪斯（Susan Cydis）、洛伊斯·斯皮策（Lois Spitzer）、达雷尔·克利夫兰（Darrell Cleveland）、诺玛·博克斯（Norma Boakes）、约翰·奎因（John Quinn）、罗恩·卡罗（Ron Caro）、乔·马尔凯蒂（Joe Marchetti）、罗恩·廷斯利（Ron Tinsley）、艾米·阿克曼（Amy Ackerman）、荣格·李（Jung Lee）和乔治·夏普（George Sharp）。

感谢我的朋友和家人：谢谢阿瑞恩（Aaryn）、凯蒂（Katie）、埃莉斯（Elise）、布里奥娜（Brionna）、谢尔比（Shelby）、布莱恩（Brian）、弗莱德（Fred）、薇姬（Vicky）、伊恩（Ian）、薇姬（Vicky）、埃里克（Eric）和康斯坦丝（Constance），谢谢你们让我时时记得家人和朋友有多重要。感谢海斯（Heith）和霍莉（Holly），你们是我生命中最有趣、最可爱、最关心我的人，你们的支持我十分珍惜。感谢因加（Inga），你是我最好的朋友，每天都在给我打气，你的力量和成功一直激励着我。感谢莉莉安娜（Lillyanna），欢迎你来到我们家。感谢我的父母，谢谢你们让我的梦想成为现实，谢谢你们向我证明一切皆有可能，谢谢你们教导我们，鼓励我们，让我们不满足于平庸，让我们努力做到最好！感谢J. R.，我们的爱是点燃的友情。谢谢你带给我的激情、快乐和新鲜感，那是我们生活的支柱！

目　录

推荐序 ·· 1

前　言 ·· 7

第一章　普校教师和特教老师 ·· 1

第二章　融合教育 ·· 13

第三章　特殊教育 ·· 33

第四章　换一个角度看待学生 ·· 57

第五章　与人合作 ·· 75

第六章　提供学业支持 ·· 101

第七章　提供行为支持 ·· 139

第八章　提供社交支持 ·· 157

第九章　支持和监督助理教师的工作 ······································ 171

第十章　支持自己，就是支持他们 ··· 183

作者简介 ··· 193

推荐序

进入融合教育这一行以来,我遇到过很多学生及其家庭,其中有三位学生改变了我对于人的潜能和多样性的看法。基于三个方面的原因,我想把这三位学生的故事写在序言里。第一,回顾过去非常重要,我们可以看到过去三十年间有过哪些教训,还会注意到有些地方依然在重复这些教训。第二,融合教育的一个基本理念就是我们必须尊重残障人士过往的生活经历。残障人士及其家庭是最支持融合的了,他们最能体会融合的意义所在——这关乎他们的切身利益——因而他们常常能够想出一些办法有效推动融合。第三,我希望我讲的这些能够给读者以启迪,激励你将书中提到的这些办法付诸实践。你不必花大把的时间去上网搜索融合教育的实操建议,也不必花大把的钱去参加会议或者培训。这本书(还有之前的那几本①)就是你的宝藏,每位教师、助理教师、教育管理者以及相关专业人员都应该人手一本。

乔斯林的故事

乔斯林·柯廷(Jocelyn Curtin),女孩,当时是上小学四年级,在家附近的普通学校上学。她聪明、热情,很讨人喜欢,擅长交朋友,这个本事让她一生受益。乔斯林的教育团队联系到我,是想让我看看有什么办法能让她更积极地参与普通学校课堂的通识课程教学活动。乔斯林有雷特综合征②,当时只能通过面部表情和眼球运动和人交流。我感觉,除了这个问题,让她的教育团队相当纠结的还有几个根本性的问题:一个重度残障的学生有什么必要上普通学校呢?普通学校的学习内容远远超出了她的认知水平,她上普通学校能有什么收获呢?我进行了为期一天的课堂观察,随后约见了她的教育团队,斗志昂扬地跟他们展望了美好未来——乔斯林在普通学校接受融合教育,有助于她与那些没有残障的普通学生发展有意义的关系。至于如何让她参与学校活动,我也提了一些建议,比如"其他学生学习有关阿兹特克人、印加人和玛雅人的内容时,可以让乔斯林和助理教师一起用方糖搭个金字塔"。这主意实在太妙了,我当

---

① 编注:此处指"融合教育实践系列"的其他两本《融合教育校长手册》及《融合教育助理教师手册》。

② 编注:雷特综合征(Rett Syndrome),一种严重影响儿童精神运动发育的疾病,属于神经发育障碍类疾病。

时就是那么想的！乔斯林可以做一些与本单元教学内容相关的活动，同时还能兼顾发展她的算数和精细动作技能。那个时候，我根本不知道她的能力远不止于此，她其实能和小组同学一起合作，去调查这些古老文明对现代工程的贡献，还能到前面去做个口头报告，给大家讲讲玛雅文化。

尽管跟人沟通起来不是那么顺畅，乔斯林在融合教育环境中依然得到了很好的发展。她交到了很多一辈子的好朋友，甚至做过一些模特工作，在社区剧场做过志愿者，还参加了高中毕业典礼，在美国，她是第一批能参加高中毕业典礼的重度残障学生。有一部纪录片《友谊之声（Voices of Friendship）》（Martin, Tashie & Nisbet, 1996），拍摄的就是她的校园生活，在国际上都获得了关注。她二十多岁的时候，有好几年的时间都和我一起在新罕布什尔大学教授融合教育基础课。每次想起学生对这门课的评价我都会由衷地笑。基本上，所有学生都会提到这么几句："切尔西教会了我们如何做科研、如何教学生，而乔斯林改变了我们对残障人士和融合教育的看法。"乔斯林二十多岁的时候终于得到了一个辅助沟通设备，自此我们才发现，这些年来，我们远远低估了她的能力，她知道的比我们之前想象的要多得多。我们本应该对她抱有更高的期待，还应该为她提供支持，让她学习中美洲土著的历史文化，而不是让她用方糖搭什么金字塔。现在乔斯林已经三十多岁了，有自己的家，还在参与社区剧场的工作，有很多朋友，也有自己所爱的人[①]。

曾经的想法和现在的感悟

认识乔斯林之前，我觉得重度残障学生需要一个特殊的教学计划，特别是在单独的班级或者社会性情境中学习某些基本技能时。可是现在我认识到，他们可以去普通学校上学，成为学校这个小社会的一分子，学到一些非常重要的社交技能（比如记住朋友的生日，而不仅仅是摆放餐具这样的基本生活技能）（Shapiro-Barnard et al., 1996）。我以前一直认为重度残障学生永远都不会交到真正的朋友，他们需要"人以群分"。现在我认识到，如果我们能够妥善解决那些态度上和系统性的障碍，不再人为地将残障学生和普通学生分开，那么所有的学生都能交到真正的朋友。最后一点，我曾经认为普校教师没有能力去教重度残障的学生。现在我意识到，如果重度残障学生在普校课堂接受融合教育，那么教育团队的所有成员都应该人尽其责、贡献智慧，而不是指望普校课堂老师孤军奋战。面对重度残障学生的时候，高素质的普校教师是有潜力可挖的，因为面向重度残障学生的教学和面向普通学生的教学，二者的相同点要多过不同点。融合教育意味着观念上的巨大转变：教师要有信心、有热情、有责任心，要相信所有学生都是有能力的、有价值的，要热心帮助学生建立社交关系、发展友谊，还要有意愿去创造性地解决问题。

---

① 译注：本书原书出版于2015年。乔斯林·柯廷已于2019年去世。

安德鲁的故事

我认识安德鲁·狄克逊（Andrew Dixon），是因为他的妈妈贝丝（Beth），贝丝参加了新罕布什尔的提升领导力系列活动"协助推动政策制定"，这个活动旨在提升家长的能力，帮助他们更好地倡导融合教育，为孩子争取权益。安德鲁从小到大被贴了无数标签——脑瘫、注意力缺陷/多动障碍、孤独症以及天使综合征①——但是我眼中的他却是一个友善、好学的人，他总是精力充沛、孜孜不倦，夏天和家人出去玩的时候，他不管在水里还是在岸边都自由自在。那个提升领导力系列活动接近尾声的时候，贝丝已经重燃了对安德鲁未来美好生活的期望，对如何打造融合环境有所了解，在倡导活动和社群组织方面也颇为老练。她邀请我参加了安德鲁的个别化教育计划研讨会，商量把安德鲁从一所特殊小学转到普通幼儿园去。我到现在都记得，我当时走进会议室的时候，看见21位专家端坐在桌旁，面前摆着一大摞报告和评估材料，那个场面着实把我吓了一大跳。我不确定我的到场究竟起了多大作用，不过贝丝表现得平静而坚定，掌控了全场，最终专家团队同意让安德鲁转到普通幼儿园。和乔斯林一样，安德鲁在普通幼儿园也得到了很好的发展，上了高中以后，还参加了学校俱乐部，表现相当活跃，18岁生日过后没多久就和其他同学一起毕业，还修读了一些大学课程。如今他有自己的房子，有几个室友租住他的房子，这些室友会为他提供一些生活支持来抵扣房租，安德鲁还有一辆自己的小车，他开着车在新罕布什尔中部地区跑来跑去，经营碎纸服务业务。

曾经的想法和现在的感悟

认识安德鲁之前，在我的想象中，有重度沟通障碍和严重运动障碍的学生需要一对一的精心治疗，这样才能弥补这些缺陷，最大限度地发挥他们的能力。可是现在我明白，残障学生并不一定非要掌握某些先备技能或者必须变得"正常"才能被社会接纳、实现融合，对于自己的残障状态，他们有权大大方方地泰然处之（Giangreco，1996；Hehir，2005）。言语治疗师、作业治疗师、物理治疗师等专业人士不必纠结于学生做不到的事情，而是应该推动他们多去参与融合教学活动以及其他学校活动，着眼于学业和生活技能方面的进步，这些都可以为学生将来高中毕业之后就业或者升入大学做好准备。

杰夫的故事

我是20世纪80年代认识杰夫·威廉森（Jeff Williamson）和他妈妈珍妮特（Janet）

---

① 编注：天使综合征，又称安格曼综合征，是一种遗传异常导致的神经发育障碍类疾病。

的，那个时候简妮特正在想方设法让当地一所高中接收杰夫去普通班级上学。杰夫患有脑瘫，需要坐轮椅，与人沟通的时候也要借助辅助沟通设备打字。杰夫很幽默，也很有人缘。他喜欢旅行，在美国各地、世界各地到处地跑。从小学到初中，他一直都是在公立学区的特殊学校上学。上初中的时候，他开始通过一些行为表达自己的不满，当时的教育形式让他非常不开心，没有与人沟通的渠道也让他非常沮丧。而这所高中不想接收他去普通班级，最主要的顾虑恰恰就是这些行为，因为他们之前教过的学生没有需要这么复杂的教育支持的，普通班级就更不用说了，而且校方也担心杰夫遭到戏弄或者霸凌。然而，在杰夫入校接受普通教育、参加课外活动以后，他的周围形成了一个强有力的支持圈，身边的人都相信他有能力，并且支持他与人沟通，杰夫也像换了一个人似的。他真正的一面逐渐显现——风趣、幽默、好学、可爱。跟乔斯林和安德鲁一样，杰夫现在也住在自己的房子里，有一群提供支持资源的人和他住在一起，这些人都是他面试过的，工作也由他来监督。他在社区有很多份工作，还能赚钱负担自己旅行的花销。

曾经的想法和现在的感悟

认识杰夫之前，我一直认为特殊学生的某些行为对普通班级课堂是一种干扰。可是现在我认识到，他们需要归属感，需要合适的沟通方式，他们在感官问题上也需要帮助和支持，如果能够满足这些方面的需求，他们在普通班级的表现往往要比在特殊班级好得多。我以前一直认为融合只适合小学阶段，到了高中阶段，这些学生应该在社会性情境中学习。可是现在我明白，残障学生应该和没有残障的普通学生一起上学、升级，应该接受普通教育，完成高中阶段的学习。社会性情境中的学习可以安排在放学之后、暑假期间，可以是和没有残障的普通学生一起参与志愿者活动、社区服务以及团体合作项目。重度残障学生在18岁左右完成高中阶段教育，一直到21岁左右或者求学结束之前，都可以去专注高等教育、就业谋生以及社会生活方面的事情。

我之前一直觉得重度残障学生会因为与众不同遭到同学的戏弄或者霸凌。可是现在我意识到戏弄和霸凌实际上是校园文化和大环境问题的表现，并没有证据显示在普校就读的残障学生就比特殊学校的残障学生更容易受到欺凌。事实上，有证据显示，如果班级同学文化不同、语言不同、能力不同，反倒会让这些学生更加包容，对多样性的态度更为积极。

总结

看了朱莉和切尔西的书，我意识到书中所写的这些和我从我的学生及其家人朋友以及融合教育老师身上学到的东西是一样的。只是，在这本书里，这些东西被总结成了实用的教育策略，应用非常广泛，不管你住在哪里，学校规模多大、财政状况如何，也不管学生有什么特质,都能用到这些策略。我相信这本书能让你更有责任心、更有自信心、更有创造力,更善于与人合作、推动融合教育。祝你工作顺利!

谢里尔·M·乔根森(Cheryl M. Jorgensen)博士
新罕布什尔州南艾克沃斯融合教育顾问
新罕布什尔州达勒姆新罕布什尔大学残障研究所特聘教师

前　　言

"不接纳自己成员的社群不能称为社群，哪怕不被接纳的只有一个人。"

——丹·威尔金斯（Dan Wilkins）

融合教育的教师，其创造力是关键

我们来到纽约的一所学校，走进二年级的一个教室，看见了这个名叫马克的患有唐氏综合征的小男孩，他正躺在画架旁边的地毯上尖叫。不管谁走到他旁边，他都会连踢带踹，很显然，他情绪很差。教室里其他学生都在排队准备去上音乐课，没什么人关注他，看起来应该是已经习惯他这个样子了。有一名学生蹲在马克旁边，正在想办法让他起来，他伸出手，说："来，和我一起去上音乐课吧。"可是当时马克情绪非常不好，听不进去。他不小心踹到了画架，画架轰然倒下，把教室里所有人都吓了一跳——包括他自己，这出闹剧就此戛然而止。

我们来这里是应邀加入马克的教育团队，帮助他们处理走班上下课问题的（就是在艺术课、音乐课、午餐、电脑课、去图书馆等各种课程或者活动转换期间出现的问题）。我们和团队一起工作了两个月左右，给老师、治疗师以及助理教师提了好多建议，比如使用图片日程表，在活动转换期间安排一个同学提醒他，给他准备安慰物、计时器以及视觉提示等。但是，尽管我们竭尽全力，问题还是没有解决。马克有时候还是会闹情绪，还有的时候会一边在地上打滚一边哈哈大笑，不管哪种情况，他都拒绝从地上站起来，用了很多办法干预都没用。整个团队都看得出来，活动转换确实让他非常焦虑。两个月过去了，我们和团队也一起开了几次碰头会，有位老师提到："我们试试让马克管钥匙行不行？"她接着解释说："真的可以试试，比如每次我们离开自己班教室去上别的课时都让他帮我们锁门，然后每次上完课回来的时候，就可以让他快点走，这样才好帮我们开门。"于是我们决定试试这个新办法。

四个月之后，我们又去看马克，正好赶上他们上完艺术课要回自己班教室的时候，学生们都在艺术课教室排队准备离开。马克在洗画笔。他的朋友玛莉萨问他："马克，你有教室的钥匙吗？"他回答："有啊！"然后立马小跑着排队去了。班级队伍经过走廊的时候，马克也能很迅速地跟上同学们的步伐。拿钥匙开教室门的时候，他站得笔直，满面笑容，看起来很自豪。进教室的时候，班上有个同学随口说了一句："谢谢马克。"

马克挂回钥匙，步履轻快地走回座位，坐下来等待下一项活动——朗读。

马克变得跟以前判若两人！这个办法简直太棒了！请注意，老师们考虑的是什么："我们应该怎么做才能实现对马克的教育目标呢？我们应该怎么保证让他在我们这个群体里找到自己的价值呢？我们还能想出哪些有创意的办法，保护他的尊严，同时还能为他提供有效的行为支持呢？"请注意，老师们没有考虑的是什么："我们应该执行什么样的行为干预计划呢？马克应该在这儿上学吗？他能去别的地方上学吗？能不能让别的老师教他？"在融合教育中，有创造力的老师考虑的问题方向都是对的，这是融合教育成功与否的关键。融合教育的成功取决于普校教师和特教老师。对学生的接纳程度取决于教师有没有意愿、创意和毅力，能不能不断反思、与时俱进，是否愿意合作，还要看教师的能力如何。

融合

我们没有一天不在考虑融合。那些了不起的学生，我们何其有幸能做他们的老师，每次想到他们，我们就会想到他们其实也是我们的老师，他们教会了我们很多东西。他们让我们明白，每个人都需要归属感，需要有朋友，每个人都有权拥有这些，有权学有意思的课程，有权接受好的教育。每个人都有权得到尊重，有权得到平等而温和的帮助和支持，有权体验到这样一种感受：自己是课堂的一分子，而这种感受与学习息息相关。每个学生都有权在温暖而友善的环境中得到帮助与支持。帮助和支持越多，我们打造的融合环境就越好，他们学到的东西就越多。因此，我们努力让他们有归属感，并不是为了归属感本身，而是因为这种感情的连接和友善的气氛能让他们在学业和社交方面有所发展，为他们的未来做好准备。因此，这本书是为普校教师、特教老师以及其他教育团队成员准备的一份指南，因为你们一直在努力以平等而温和的方式接纳残障学生，推动融合教育。

本书内容安排

前三章是后面几章的基础。第一章主要讨论教育工作者的作用，第二章回顾融合教育的历史背景，第三章介绍特殊教育的相关资讯。这三章是基础，对于读者理解后续章节的内容很有必要。第四章旨在引导教师重新看待自己的学生。在这一章中，我们请各位老师"透过滤镜"重新审视自己的学生，关注他们的能力和长处，重新思考那些负面的标签，这样做的目的是跟学生建立情感连接，收到更好的教育效果。第五章到第八章介绍具体的方法，主要内容是如何开展团队合作，如何在学业、行为以及社交方面为学生提供支持。这四章提到的建议都是可以直接在学校付诸实践的。第九章主要讨论如何最大限度地发挥助理教师的作用，如何对其工作进行监督。最后一章专门讨论两个问题：教师如何关爱自己、如何解决问题。在现有的教育体制下，残障学生的融合教育不是一件容易的事，教师要面临很多挑战，还要解决极为复杂的问题。第十章旨在为教师出谋划策，希望大家更好地关爱自己，以保证学生得到最好的教育。

本书受益人群

现在越来越多的学校开始接受融合教育的理念，教师则成了融合教育是否成功的关键性因素，因为他们身处融合教育的最前线——课程是由他们设计的，课堂氛围是由他们打造的，学生能否有机会上课、能否有机会与同学接触，也都取决于教师。不管是普校教师，还是特教老师，其角色都在发生变化，而本书探讨的就是融合教育服务的最新变化。本书旨在打破已经过时的传统特殊教育服务模式。这样做的意义在于摒弃旧有的"隔离治疗"的理念，提高对残障学生的接纳度。本书主要面向的读者是想要了解如何在融合教育课堂中为特殊学生提供教育支持的教师，不过教育管理者、相关服务提供者以及家长也都应该看看，因为他们与教师一起组成教育团队，共同努力在融合教育环境中为残障学生提供支持。

在岗教师和即将上岗的教师：本书专为在融合学校工作、负责基础教育阶段教学的在岗教师或者即将上岗的教师所写。不过，本书对于大专院校师范专业的学生也非常适合。因此，针对某些内容（即个别化教育计划、联邦法律关于残障的定义及其类别、部分法律法规等），我们进行了详细的解释，这对刚刚进入这个领域的人非常有帮助。

普校教师和特教老师：本书就是给各位老师写的。我们写这本书的初衷，就是为各位普校教师以及特教老师提供资源，为你们赋能。不管你教的是小学通识课，还是初中的数学课，或者高中的生物课，只要你是基础教育阶段的普校教师，本书就适合你。除了普校教师，本书还有一个目标读者群：特教老师，他们在融合教育环境中起着不一样的作用。如今的教育安置环境多种多样，包括资源教室、隔离教室、特殊教育学校，那些在不同环境中承担不同职责的特教老师，还有一些专门为特殊学生提供融合教育服务的人员，都是本书的目标读者。本书针对融合教育课堂教学讨论不同的方法、策略和建议，因此教育团队如果能够参考本书内容并进行相关讨论，也会大有收获。我们希望这些教育团队能够组织专业发展论坛或者读书会，通过这些形式展开讨论，并从讨论中获得最大收益。

残障学生家长：家长也能从本书获益，因为可以从中了解融合教育服务的最佳做法。对于家长来说，本书还是一个资讯来源，能够保证自己孩子的老师接受适当的培训和支持。

教育发展专业人员：本书提供的残障学生教育方法和教育资源都是最前沿的，无论是用于自身专业发展还是团队业务培训，都再适合不过。

《融合教育教师手册》还可以与下列书目配套使用：

·*The Paraprofessional's Handbook for Effective Support in Inclusive Classrooms*[①]（Paul H. Brookes Publishing Co., 2009）

·*The Principal's Handbook for Leading Inclusive Schools*[②]（Paul H. Brookes Publishing Co., 2014）

·*The Occupational Therapist's Handbook for Inclusive School Practices*（Paul H. Brookes Publishing Co., 2014）

·*The Speech-Language Pathologist's Handbook for Inclusive School Practices*（Paul H. Brookes Publishing Co., 2014）

上述书目配套使用，旨在互为补充。当然了，你也可以只看这一本。书里很多策略和建议，都可以让教育效果得到立竿见影的提升。不过，我们觉得，将主要的教育专业人员召集到一起，共同研读上述书籍也非常有用，这样的话教育团队就能互相分享心得，更加了解彼此的专业立场以及在融合教育中所起的作用。本书与其他书一样，内容都是精心安排的，标题统一，大部分参考信息也是一样的，不过角度却大不相同。目前，我们看到很多教育团队在合作过程中都用到了这些书，在融合教育环境为所有学生提供支持。

---

① 编注：中文译本《融合教育助理教师手册》。
② 编注：中文译本《融合教育校长手册》。

第一章

普校教师和特教老师

融合教育教师改造神器

"我和玛莎去年不在一起办公。她在走廊那头儿，教的是特殊需要学生。我教的是四年级的普通学生。我们有时候在复印室也能碰到，不过基本是在开会的时候才能见到彼此。不过现在我们在一起办公，每天差不多有半天时间都在一起。我俩一起制订教学计划！有个教学搭档，好处实在太多了……主要是对特殊需要学生有好处，不过其实对所有学生都有好处……我能肯定的是，玛莎确实帮我提升了教学水平，我自己觉得我应该也帮她学到了一点东西。"

——莉萨（普校教师）

为了让所有学生，尤其是残障学生，得到更好的教育，现在很多学校都采取了融合教育模式，因此很多普校教师和特教老师都像莉萨和玛莎一样开始搭档，一起合作，并肩战斗。普校教师和特教老师一起备课、一起上课，提升了融合教育的质量，也增加了特殊需要学生参与社交、娱乐活动的机会。很多人认为普校教师和特教老师合作教学的模式对双方都有好处，融合教育模式也对所有学生都有益处。

本书旨在提供各种各样的教学工具和教学策略，帮助普校教师或者特教老师适应新的工作要求，帮助各位老师脱胎换骨，变成神奇的融合教育工作者。本书的目的就是帮你武装起来，有意识地去接纳所有学生。就让我们从前面提到的玛莎和莉萨两位老师讲起吧，讲讲我们怎么认识她们以及一位名叫马修的学生的。

左边最远的那个教室

我们在学校办公室登记了名字，领了访客的胸牌，打听33号教室应该怎么走。我们被派到这里，是为了观察一名四年级的学生，他的名字叫马修。在桌旁坐着的那位女士听到我们的问话深吸了一口气，然后说道："嗯，沿左边第一个走廊走，一直走到头儿，然后右转，接着直走到头儿，路上会经过几个教室，还有一个储藏室，然后就到了，左手边，最远的那个教室。"

我们点了点头，走过几条走廊，经过了那个储藏室，来到了玛莎的教室，之后见到了马修。这是一间专门为孤独症孩子准备的教室，马修正四仰八叉地瘫在一只豆袋沙发上面，腿上放着一个带夹子的写字板，看上去应该是在用触觉数学（TouchMath）[①]做算数题。触觉数学使用带点的数字进行教学，这是为了将数字代表的数值以图像的

[①] 译注：触觉数学，又译作触摸数学，是一种将视觉、触觉等多种感官结合起来的数学教学策略，学生借助覆盖在阿拉伯数字上的触摸点系统，学习数字概念和基础运算。该策略提供的视觉支持可降低数字的抽象性和复杂性，符合孤独症儿童视觉加工的认知风格。

形式呈现出来。这种策略就是把抽象的数字概念具体化（Bullock，1992）。看得出来，这间教室被打理得很好，所有的东西都干净整齐、摆放有序。四面墙上都贴着彩色的装饰画，上面写着"加油""一定要努力"类似的话。学生们都在各忙各的。教室里有三个成年人，穿梭不停地忙着照顾他们。

有个学生戴着耳机在听什么。还有一个学生把脸贴在空调出风口那里，他好像很喜欢吹风。有两名学生在电脑上玩算数游戏。还有一个男孩，看起来比别的孩子都小，坐在角落里，边哭边喊"卡住了""卡住了""卡住了"，实在有点吵。在他身边放着一个大大的视觉模拟计时器，正在倒计时。"就剩4分钟了，雅各布。"有位助理教师指着计时器温和地提醒他。

我们在房间里到处看着，来到了马修跟前，跟他打了个招呼，在豆袋沙发旁边的地板上坐了下来。马修的作业是两位数加法，可是，他并没有写题，而是不停地在本子最上面划线，铅笔都快用没了。

"马修，你在干什么呀？"

"雅各布，难过。"他平静地说道。

我们点点头，想要让他做自己的算术题，不过他的注意力全在雅各布身上，就是那个坐在角落里哭的男孩。

马修又说了一遍："雅各布，难过。"

我们说雅各布没事儿，让他放心，同时设法把他的注意力转移到算术题上。他的注意力好像持续不了太长时间，所以总是做不完。特教老师玛莎注意到我们，走了过来，说："马修，打个招呼好吗？"

"说'嗨'。"她一边笑一边重复，但是马修一句话都没说。"说呀，看着我。"她捧着马修的脸转向自己，想要让他看着自己，"能说句'嗨'吗？"

马修推开她的手，嘟囔了一声"嗨"。他从豆袋沙发上站了起来，跑向窗边，开始用手打头。

右边第一个教室

四个月之后，我们去四年级的融合教室看马修。他现在已经全天在融合教室学习了。我们到的时候，他正和同组的几名四年级学生一起坐在桌旁，说着他们正在算的一道题。马修通过在平板电脑上打字来参加讨论。我们看见坐在他右边的一个孩子正在念他刚刚打出来的字。

普校教师莉萨让大家注意听她讲话，然后提了一个问题。但是马修还在忙着打字。在教室里巡视的助理教师抬手示意莉萨，马修打字是在回答老师的问题。莉萨点点头，助理教师走到马修身边，念出了马修打在平板上的答案："这要看这个整数是不是负数。"

莉萨笑着说："马修，这个确实要看这个整数是否为负，这个整数是否为负决定了答案是否为负。"

马修看起来很高兴，接下来的时间里，他参加了绝大部分课堂活动。之后他又答对了三道题，答案都是别人替他念出来的，或者是助理教师，或者是旁边的同学。马修现在很自信，上课也很积极，社会性方面也不错，能很好地适应普通教育课堂。我们当初在33号教室看见的那个马修，和现在四年级融合教室的马修简直判若两人。他和同学、老师的互动，还有课堂的参与程度，都发生了翻天覆地的变化。那么这四个月来发生了什么呢？对比这两次见面，为什么他像变了一个人似的？到底是哪些因素让马修脱胎换骨了呢？

给马修提供支持，帮助他进入融合课堂，有很多因素。家长请我们来做顾问；他们申请召开特殊教育纠纷听证会，要求学校同意马修进入融合课堂。普校教师玛莎和特教老师莉萨都接受了相关培训，学习如何在社交、学业、沟通以及行为方面为马修提供支持。我们讨论了如何为他提供合理便利，做出适当调整，还讨论了如何使用各种各样的沟通方法。所有需要跟马修打交道的员工都接受了专门培训，学习如何接纳马修，如何为他的沟通提供支持。所有这些培训加在一起，而且顺利地付诸实践，才让马修发生了惊人的变化，让我们看到现在这个积极参加学校各种活动的他。

马修本身很出色，老师们也都很有办法，不过类似马修的个案并不特别少见。学生从隔离教室来到融合环境，老师学习了如何提供融合支持，之后就发生了根本性的变化，这种事情我们见证过不止一次。我们见证了学校的转变，看到他们为特殊需要学生提供的融合教育服务，我们从各位老师身上学到了很多东西，如果没有这些老师、没有那些为融合教学实践提供理论支持的研究成果，就不会有这本书。本章后半部分就会介绍我们从这些老师身上学到了哪些东西，用以引出本书的主要内容。

错了就是错了

作为特教老师，要承认这一点很难，但是将特殊学生与普通学生分开，教育界在这件事上确实就是做错了。就马修的个案来说，学区的做法就是个彻头彻尾的错误。教育管理者和教师们都觉得他们了解马修的认知水平，明白他的诊断情况，也知道他的智商水平。他们的想法是在单独的教室学习有助于马修能力的提高。他们为学生所做的考虑以及为学生提供的教育安置形式，都是基于学生当前的状态和发展模式。于是老师就"根据马修目前的水平"为他布置了任务。但是，当他学会了如何沟通，老师也学会了如何为他提供支持时，一切都变得不一样了。因此，很显然，学区最开始对他的能力存在误判。实际上，说到对马修的教育，可以这么说，之前所有的安排基本都是错的。之后给他安排了适合他年级水平的学习任务，为他做出适当调整、提供支持资源时，他的学业就开始突飞猛进，他的能力也表现得越来越突出。这说明得到了合适的沟通支持时,他是能够完成自己的学习任务的。

为学生提供机会以及适合其需求的支持,他们会表现得很好,他们的能力比老师想象的要高。本书第二章、第三章将会探讨融合环境中的特殊教育议题,还会讨论为什么说相信学生有能力、让学生更有归属感以及分辨什么样的课堂才是真正的融合课堂非常重要。

改变我们的想法

一步步认识到马修其实是一位非常聪明的学生,这对每个人来说都是一个重要的转变:每个人,包括玛莎、莉萨,还有马修的同学、助理教师、治疗师,甚至是马修的家人。这个教育团队对马修本人及其能力有自己的看法,至于什么样的教育环境和教育策略对马修来说才是最好的,他们也有自己的想法,要转变这些想法,着实经历了一番思想斗争。要转变想法,首先是要把马修看作一个聪明又能干的学生,有很多长处和优点。教师如何看待学生、如何谈论学生,最终都将影响教师教育学生的方式。关于如何转变想法,我在本书的第四章提出了一些建议。不过,有一点我们还是要说清楚:智力水平高,并不是让残障学生接受融合教育的前提条件。

教师合作提升创造力

玛莎和莉萨接受了融合课堂的新角色和新任务,在班级打造了一种积极向上、充满活力的氛围。这种变化全都仰仗于他们在解决问题的时候通力合作、集思广益。在融合课堂上,所有的教育专业人员全都参与进来、贡献自己的力量,能让所有学生都受益。本书第五章将会探讨在融合教育中如何进行团队合作、如何商定各自的角色和职责、如何开展协作教学。

设计目的明确的学习活动

马修在融合课堂学习的时候,针对他做的课程设计以及差异教学与其他学生是不一样的。他的学习内容由普校教师和特教老师一起设计,通常也是一起教授的。学生在校期间,相关服务提供者也要参与融合教育,贡献自己的专业力量,帮助学生学习相关技能并且泛化使用所学技能。融合教育工作者需要熟悉通用学习设计[1]、差异教学的理念,还要设计融合课程,让所有的学生都能学习、都有收获。本书第六章将要探讨的就是这些重要议题,即教师如何设计课程,让所有学生都获得目的明确的学习体验。

致力于以人为本的行为支持

我们已经看到学生从隔离教室转到融合教室之后发生了翻天覆地的变化。来到融

---

[1] 译注:通用学习设计是一种科学有效的理论框架,用于指导教育实践,强调在教学中做出适当调整,以满足学习者的个性化需求。了解更多内容,可阅读《做·看·听·说(第2版)》一书,该书已于2021年由华夏出版社引进出版。

合教室以后，周围的同学都可以给特殊需要学生示范什么是正确的行为，所以问题行为也不像以前那么多了。马修的情况就是这样的。他不像之前那么容易有挫败感，打自己的头以及其他负面行为也比以前少了。不过，他还是需要很多行为支持。老师们采取了积极行为支持的策略（positive behavior support，PBS），重点提升他的归属感，与他建立了牢固的关系，为他提供他所需要的东西。本书第七章主要介绍什么是以人为本的行为支持，同时就如何为学生提供行为支持给出了一些策略和建议。

促进真正的社会关系

把特殊学生放在隔离教室，这种做法会导致他们被孤立。如果特殊学生被排除在普通教育环境之外，他们的生活，无论是学业方面还是社交方面，都会被排除在同龄人群体之外。以马修的情况来说，他在特殊教室学习的时候，从来没有过非残障学生的玩伴儿。转到融合教室以后，他的社交日程排得相当满。马修上完高中以后也不打算过与世隔绝的生活，那么在融合环境中学习生存之道的最好方式就是先在融合学校学习。本书第八章主要介绍如何为特殊需要学生提供社交支持，如何帮助他们与同学发展亲密的伙伴关系。

建立目的明确的支持体系

在课堂上，助理教师就坐在残障学生身边，这种情形是很常见的。不过，这并不是为学生提供支持最有效的方式。我们仔细研究了马修的支持体系，发现最需要做的就是提高他的独立性。本书第九章着重探讨的是教育团队要仔细考虑学生需要什么样的支持，如何充分发挥助理教师的作用，指导他们在融合课堂上为学生提供支持。

实施融合教育是一大挑战

想要让融合教育达到预期的效果，需要创造力、解决问题的能力，还需要下功夫。必须做好心理准备，去尝试，失败了再去尝试，唯有如此，才能达到教育效果。更为重要的是，这是在为学生创造融合教育的机会，任重道远。不夸张地说，这是一项改变残障学生命运的工作。这项工作意义非凡。走廊尽头，那间挨着储藏室的教室，那间专为孤独症学生准备的教室，蕴藏着无数潜能。那里有很多像马修一样的学生，他们应该有朋友，也渴望有朋友、渴望与人交流，他们需要归属感，也应该有机会学习丰富的课程。这样的学生等不起。本书第十章，也是最后一章，就是专门讨论教师如何保持活力、坚持下去，毕竟为这些学生创造融合教育环境是一项难度很大也很重要的事业。第十章会提供一些实用方法，帮助我们不忘初心，为了改变这些学生的命运不懈努力。

推动变革

马修这样的学生等不起。各位老师，希望你们严肃地思考一下自己所在学校目前的做法，本着开放和欢迎的态度来对待变革。推动变革，就是锻炼自己号召力的机会。提升自己的影响力，真正对课堂和学校的环境产生持久的影响。在这本书里，我们给你出了一个难题——请你有所作为。我们认为你能胜任这项艰巨的任务。

为了让你了解这项任务的背景，本章其余部分将会介绍融合教育工作的发展历程。先是简单回顾融合教育的历史，之后再探讨普校教师和特教老师的作用。本章结尾部分将会回答一些常见问题，本书每章的结尾部分都会回答与该章内容相关的常见问题。

融合教育以及融合教育工作者作用的发展与演变

融合教育的发展，使得融合教育工作者的作用也发生了演变。直到 1975 年《残疾儿童教育法》(*the Education for All Handicapped Children Act of 1975*，PL 94-142)实施之后，残障学生在公立学校接受教育的权利才得到法律保护。在这之前，残障学生主要是在家学习，或者是在单独的教学楼或机构接受教育。因此，普校教师很少有过与残障学生打交道的经验。而特教老师主要在特殊学校或者特殊教育环境里工作。

20 世纪 70 年代到 80 年代，在残障学生家长的强烈推动下，这些学生才开始和普通学生一起在普通教育学校接受教育。恰在这时，普通教育改革拉开了帷幕（Will，1986），家长们也开始了解到"主流教育①"的理念。按照这种理念，所谓轻度残障的学生常常可以回归普通教室，但在实际的教学中他们依然被当作局外人，在普通教育课堂上并没有多少存在感。所有的责任还是全都落在特教老师的身上。

到了 90 年代，普通教育学校开始大面积接收比较重度的残障学生，各个年级的都有。随着残障学生开始参与普通教育课堂的教学活动，教师的作用也发生了变化。2000 年开始，融合教育的理念已经在教育界达成了共识。《初等与中等教育法》，也就是 2001 年的《不让一个孩子掉队法案》(*No Child Left Behind Act*，NCLB，PL 107-110) 率先就包括残障学生在内的所有学生的教育明确了责任和标准。对残障学生意义尤为特殊的联邦法是 2004 年的《残疾人教育促进法》(*Individuals with Disabilities Education Improvement Act*，IDEA，PL 108-446)，该法案针对接受特殊教育和相关服务的残障学生明确了教育目标。在 2004 年修订《残疾人教育法》(*Individuals with Disabilities Education Act*，IDEA)② 的调查部分中，国会谈到对这部法案进行修订的目的就是"保证所有残障孩子都能接受……免费的、适合的公立教育，强调提供旨在满足其特殊需求的特殊教育及相关服务"(20 U.S.A. § 1400 [c])，让这些孩子"有机会在普通教室里尽

---

① 译注：主流教育，意指回归主流，中文曾译为"一体化"，指的是实施特殊教育的一种思想，与"隔离教育"相对。

② 译注：虽然都被简称为 IDEA，但上文中的《残疾人教育促进法》(*Individuals with Disabilities Education Improvement Act*) 与《残疾人教育法》(*Individuals with Disabilities Education Act*) 并不是同一法条。《残疾人教育促进法》是 2004 年在《残疾人教育法》的基础上进行修订的。

可能多地学到普通教育课程"（IDEA 2004, 20 U.S.C. §601 [c][5][A]）。

在融合课堂上，普校教师和特教老师一起承担所有学生的教育责任。融合教师要打造能够充分满足所有学生需求的学习环境和氛围。教师们已经认识到，残障学生和普通学生一样有学习能力。因此，目前在很多学生的个别化教育计划里，其教育目标与同龄普通学生已经相差不大。

> "在教学策略和教学技巧方面，我认为自己是专家，而在教学内容方面，莉萨是专家。我们认识到，为了让学生学到东西、取得进步，我们必须共享这些知识和技巧。"
>
> ——玛莎（特教老师）

重要概念

接下来的章节将会介绍本书涉及的一些重要概念。

残障社会模式

就马修的个案来说，对比他在隔离教室和普通教室里的表现和能力，两者可说是天壤之别。残障社会模式的理念认为残障是人为的，或者说在某些环境中才会显现出来。换句话说，人们感受到残障带来的不便，是因为所处环境不理想、社会态度不接纳、支持力度不够大。这种理念认为，残障是否存在，取决于课堂的环境和氛围、他人的期待和要求以及现有的支持和资源。因此，教师可以排除环境中的障碍、改变对学生的要求，根据学生的不同情况为其提供所需的支持资源。在这种情况下，需要"治疗"的对象就变成了课堂环境和支持资源。将上述理念与已经过时但却比较普遍的模式——残障医疗模式做个比较吧，后者认为残障存在于学生身上，需要"治疗"或者纠正的是学生。在这本书里，我们一直都在强调残障社会模式，并且提醒教师去帮助学生充分发挥他们的潜能。

融合课堂

融合课堂，指的是残障学生和普通学生一起接受教育的环境。融合课堂接纳各种各样的学生，会关注所有学生的需求，为所有的学生提供支持和服务。目前常用的说法还有普通教育课堂、三年级课堂、世界历史课堂、普通课堂等。还有一个说法叫主流课堂（mainstreamed classroom），也是融合课堂的意思，不过是比较过时的叫法。主流课堂的提法是在20世纪70年代火起来的，在这之前，公立学校是不接收残障学生的（他们压根不上学，或者住在医疗机构里），主流教育的理念被提出以后，他们才有机会进入普通学校（公立学校）接受教育。主流教育主要指的是将学生安置在普通教室里，但是一般不强调全方位的支持，也不重视提供合理便利以帮助残障学生排除学习障碍。不过，从20世纪90年代开始，融合教育开始取代主流教育。来到普通教室的学生，不再是只有张书桌而已，他们可以得到周到细致的服务。不管是什么样的特殊教育资源，只要有利于他们的学习，都可以提供。这意味着在融合教室里可以获得所有的支持资源，不论是相关的服务，还是治疗或者干预。有关融合教育的详细内容，在本书第二章中将详细介绍。

治疗室

一般来说，学生来到治疗室是为了学习某项技能、提升其能力表现，或者学会某种日常事务，学习时间很短，学完之后就要回到最少受限制环境（least restrictive environment，LRE，指融合教育课堂、餐厅、走廊等场所）。在融合学校里，治疗师一般都是在学校生活的自然情境中提供大部分的相关服务（比如作业治疗、言语语言治疗、物理治疗等），并且与其他教师相互配合。

资源教室

和治疗室一样，学生在资源教室里的学习时间也很短，主要是为了学习某项技能或者某个科目，学完之后也要回到普通课堂。资源教室的教学活动一般是以小组教学的形式进行，一位老师带一个小组的学生，或者是一位老师带一名学生。

隔离教室（Self-Contained Classroom）

隔离教室是为残障学生单独设置的。设置这种教室的初衷是为了把需求相似的学生放在一起。但是，这种教室引起了越来越多的争议，因为在隔离教室的学生跟普通学生之间几乎没有机会互动，而且与进入融合课堂的残障学生相比，他们在学业方面也没有更多收获（Banjeri & Daily，1995；Causton-Theoharis & Theoharis，2008；Causton-Theoharis，Theoharis，Bull，& Cosier，2011；Vaughn，Moody，& Schumm，1998；Waldron & McLeskey，1998）。现在绝大部分融合学校已经不再设置隔离教室了。

隔离学校或者特殊学校

隔离学校或者特殊学校，都是为特殊需要学生设置的，他们在学业、行为或者社交方面的需求类似，上学期间，他们就在这里接受教育。针对这种地方的争议很大，因为在这里学习的学生整天都没有机会接触同龄的普通同学。现在，绝大部分融合学区已经不再设置单独的教学场所了。

社区本位教学

有些特教老师是在社区环境中开展教学活动的。社区本位教学的理念基础是有些学生需要为融入社会生活做好准备，因此他们需要学习工作技能、生活自理，这样才能顺利实现从学校到职场的过渡。因此，有些学生是在工作场所、休闲场所、杂货店或者其他社区场所接受教育的。

如何使用本书

马修的两种教育经历让他发生了翻天覆地的变化，这说明一旦学生有了归属感，有机会接触到能够引发其学习兴趣的学业任务以及精心设计、目的明确的教学活动，并且能够得到来自成年人以及同学自然而然的帮助和支持时，他们就真的会有所改变。上述因素是能否成功打造满足学生需求的融合教育环境的关键。希望读者能带着一种反思的心态来看这本书，反思自己所在学校的特殊教育教学活动是如何构建和组织的。如果你的目标是发展和实施融合教育，那就要挑剔一点。要和团队一起合作，致力于解决问题。昆茨（Kunc，1992）的话提醒我们，最首要的就是让学生有归属感、给他（她）机会：

> 我们的社会和学校体系所做的，就是把我放在一个隔离教室里，否定我，"你不够好，所以你不配和其他孩子坐在同一个教室里"。只有你努力学习，走路走得更像样，说话说得更流利，表现得和其他孩子一样了，才能成为集体的一分子。当然了……你是学不会的，因为你就没在集体里待过。因此，你就没有进步，然后因为没有进步，你就得继续待在隔离教室里，顺理成章、天经地义。(p.4)

本书旨在为在普校工作的普通教师和特教老师提供基本的知识和指导。具体来说，本书将着重讨论：（1）在融合教育环境中做老师，不管是普校教师还是特教老师，意味着什么；（2）有关融合教育的基本信息；（3）有关特殊教育的重要基本概念；（4）看待学生的不同角度、提及学生的不同方式；（5）如何开展团队合作；（6）提供学业支持的工具及策略；（7）如何提供有效的行为支持；（8）如何提供社交支持；（9）如何支持助理教师的工作；（10）在做好这份重要工作的同时，如何照顾好自己。

有关融合教育的常见问题

问：单独把这些学生带出去、与普通学生分开上课有什么不好？

答：这种教育形式会伤害学生的自尊，影响学生的学习能力，还会破坏学生的归属感。残障学生有学习的权利，也有与同龄学生进行社交互动的权利。最重要的是，这些教育形式的本意也是让学生适应学校生活，最终走向独立。学校生活就是自然情境，需要学生用到某些技能，处理日常事务，参加一些活动，或者完成一些任务，这些都是他们单独学习的时候曾经学过的。这些自然情境就是《残疾人促进教育法》中所说的有利于学生学习和训练的最少受限制环境（IDEA 2004）。很多教育工作者正在对他们的做法进行改革，也时刻牢记特殊教育服务应该是随时随地的，这个意思就是说在自然情境下可以直接提供特殊教育服务。

问：我所在的学校能自己决定是否采取融合教育模式吗？

答：公立学校不能自行决定是否采取融合教育模式。根据2004年修订的《残疾人教育促进法》，学校必须接收残障学生，并且在最少受限制环境中为他们提供教育服务。这就意味着残障学生最大程度地拥有了去普通学校与同龄的普通学生一起接受普通教育的权利（IDEA，2004）。学校不能仅仅因为没有做好准备、无法满足学生的教育需求或者没有想好"要做融合"就把学生拒之门外，或者不给学生提供融合教育的机会。

问：每位残障学生都需要助理教师才能顺利融入普通班级吗？

答：进入普通班级融合并不代表学生一定需要一名指定的成年人在旁边为其提供支持。普校教师和特教老师应该共同合作，对教学设计、学习活动以及教学环境做出调整，以便为学生提供融合机会和所需支持。这种支持最好是来自于融合课堂的同班同学或者相关专业人员。不过，如果确实需要助理教师的话，也要明白，这种支持应该是有针对性的，为这名学生量身定做的，可以是全天的，也可以是分时段的（比如仅在英语课或者体育课需要助理教师）。

问：在小学阶段实现融合会比较容易吗？

答：不是这样的。与小学相比，初高中的融合并不会更难。有些学者甚至觉得到了高年级，融合反而容易一些。到了这个阶段，学校的日程安排会更为灵活，学生的课程选择也更多，老师们在选择教学内容方面也很专业，他们非常了解如何因材施教。另外，众所周知，利用自发的同伴支持对学生的发展非常有益，到了高年级阶段学生们都比较成熟了，就可以建立很好的同学关系。

问：在融合班级里，普校教师或者特教老师可以开展小组教学吗？

答：可以的。普校教师和特教老师都可以在融合教室里开展教学活动，大班教学或者小组教学都可以。关键在于所有的教学活动都应该是教师团队合作设计的。

问：接受特殊教育服务的学生，其教育最终是由特教老师负责的吗？

答：在融合教育体系中，不以有无残障来区分学生。班级里有各种各样的学生，大家都在同一间教室里学习，普校教师和特教老师一起合作，共同开展教学活动，打造融合教育环境，吸引学生的注意力，让学生学得开心、学得高兴。对于残障学生，普校教师和特教老师共同承担教育责任。

问：个别化教育计划是由谁来负责制订的？

答：特教老师、普校教师以及负责残障学生的相关服务人员都有责任。也就是说，由教师和治疗师组成的团队共同负责，保证学生达到个别化教育计划的目标。

问：残障学生与同班同学在学业上的差距太大怎么办？

答：如何针对残障学生进行教育安置，不是看他（她）与同班同学相比学业表现怎样、认知水平如何，而是看他（她）的个人需求。特殊教育的作用是为学生提供学业上的支持，帮助他们获得普通教育机会。全国各地有很多学生，虽然与同龄人处于不同的发展水平，但也在融合教室里积极学习适合其年龄的普通教育内容。例如，学生还不会写字，但却可以利用科技设备的辅助表达自己的想法。我们写作这本书的目的就是通过各种各样的案例为你展示如何做出调整（adaptation）、改动（accommodation），如何提供合理便利（modification），以便让你在融合课堂上为各种水平的学生提供支持。

问：打造和维护融合教育环境需要什么？

答：需要创造力与合作精神，需要维护学生的权益，需要积极推动、集思广益，需要全身心投入，还需要与融合教育相关的专业技能。融合教育工作者要善于反思，要做好思想准备，随时面对问题、解决问题，以便为所有学生创造有利的学习环境。从始至终，这本书旨在为你提供实现这些目标所需的工具。

本章小结

本章介绍了马修的个案，回顾了有关融合教育的重要基本概念，探讨了当今教育工作者的角色和责任，回答了一些常见问题。你现在应该明白了，融合教育要求教育工作者承担全新的角色和责任，这样才能共同合作、满足所有学生的需求。下一章将介绍融合教育的历史背景。

第二章

融合教育

泳课进化史：
与残障学生融合教育进化史惊人的相似

"很多年前，我刚参加工作的时候，是在隔离教室里教智力障碍学生。后来，我们学校开始推行融合教育。这种特殊教育模式有利于培养学生的归属感，促进学生在学业和社会性方面的进步。为了适应这种教育改革，我们都需要学习不同的教学策略，让自己在课程设计和团队合作方面考虑更加周到，更加具有主观能动性。现在，我还在原来的学校当特教老师。不过，现在做这份工作需要与其他老师一起合作，还要和教室里其他学生打交道。"

——金姆（特教老师）

"不管是采取何种形式，只要是剥夺了别人发声的权利，哪怕只有一个人，我们这个群体的声音都是不完整的，我们的社群文化也是有缺憾的。"

——克里斯托弗·柯柳尔（Christopher Kliewer, 1998, p. 5）

"教育工作者可以有自己的选择。隔离教室还在继续使用，学生没有任何进步，我们可以像以前那样借口说这是因为他们的残障程度太重，但也可以勇敢而坦诚地直面这些问题，严肃地思考除了隔离残障学生，有没有其他办法能够更有效地帮助他们在毕业以后融入社会。"

——诺曼·昆茨（Norman Kunc, 1992, p. 27）

"教育工作者有力量打造公正、接纳的教育环境，只是有些时候还需要勇气。我认为发挥榜样作用是我作为教师的责任，如果有必要，我还要积极倡导这样的教育实践，推动融合教育，号召人们理解和接纳那些我们负责教育的人。"

——凯思琳（佛蒙特州年度教师，引自 Remick, 2006）

本章首先明确一些基本概念，比如归属感、相关法律概念、融合教育的定义及其特征、个别化教育计划（Individualized Education Program，IEP），接下来会介绍一些信息，比如融合教育的历史发展，还会讨论一些常见问题，这些对理解融合教育的理念非常必要。

归属感

"归属感可能是人类心目中最为重要却最不容易被察觉的需要。"

——西蒙娜·薇依（Simone Weil）

残障学生需要进入普通教育环境融合的一个主要原因就是每个孩子，不管有没有残障，都有权利寻求归属感。人们渴望友谊、渴望与他人发展关系，也需要学习更多知识、接受更多挑战。残障学生也不例外。

花一分钟想想自己吧。回忆一下，有没有那样一个时刻，在某个地方，你觉得自己真的很有归属感。那是一个团体吗？还是个俱乐部？或者是运动队，也有可能是某个工作环境？回忆一下自己在那个地方的行为举止。你的表现是什么样的？你的感受是什么样的？如果有人不经意地看过来，你的反应是什么样的？在这样的环境氛围中，绝大部分人都愿意去尝试、去奉献、去分享、去学习。如果你感觉自己和这一群人的关系很紧密，就会更愿意表达，做事更投入，也更愿意展现真实的自己。学生也是这样。

那么相反，再回忆一下，有没有那样一个时刻，在某个地方，你觉得自己没有归属感，或者觉得自己受到了孤立和排斥。你的表现又是什么样的？你的感受又是什么样的？在那种情况下，绝大部分人会变得孤僻、沉默，游离于集体之外。也有人的反应是生气，或者想离开那种环境。学生也是这样。跟集体关系紧密，或者属于某个校园团体，这种感觉非常重要。不但对培养自我价值感很重要，对于学习也很重要。

和老师、治疗师以及助理教师一起工作的时候，我们就问过学生上面这几个问题，他们的回答如表2.1所示。

表2.1 被接纳和被排斥的不同感受

被接纳的时候	被排斥的时候
我感觉很舒服	我感觉很难过
我感觉有人爱我	我感觉很生气
我感觉有人关心我	我想退缩
我勇于尝试新东西	我不想说话
我觉得自己很聪明	我觉得不自在
我很自信	我觉得很痛苦
我展现了真实的自己	我哭了
我经常开怀大笑	我觉得不舒服
我很有创造力	我不参与活动
我愿意学习新东西	我想方设法逃避集体

请仔细看表中的回答。符合你所在学校学生的情况吗？你在学校见过看起来很不舒服或者经常发脾气的学生吗，见过很孤僻或者很痛苦的学生吗？有些学生的表现，一看就知道他们没有归属感，你见过这样的学生吗？相反，有些学生做事很投入，勇于尝试新东西，不怕展现自我，你见过这样的学生吗？有些学生很有归属感，有些没有，作为老师，这两种学生我们都见过。有归属感的学生更愿意尝试学习新东西，做事更投入、更积极，因此也能学到新东西。帮助学生获得归属感，是教育团队最重要的工作之一。

如果有一种特殊教育模式是把特殊学生排斥在外，放在和普通学生分开的教室、走廊或者学校，那么这些被隔离的孩子很有可能表现不好，学习也不会好。所有学校的管理者、治疗师和老师们都在反思将残障学生隔离在单独的教室或者将他们单独带出来接受教育这种做法（Causton-Theoharis & Theoharis，2008；McLeskey & Waldron，2006）。将学生隔离开来，会让他们觉得自己跟别人不一样，不是学校大家庭的一分子。这种隔离对于学生的自尊自信和学习能力都有切实的影响（Peterson & Hittie，2002）。如何对残障学生进行教育安置是很重要的，同样重要的还有课程设计质量和教学方法策略，这些能让残障学生得到适当的辅助和服务，从而获得接受普通教育的机会。融合教育的基础，就是所有人都有寻求归属感的权利，这是基本人权。

"我喜欢普通教室，因为我的朋友都在那儿，而且普通教室也不学那些我早就会了的东西。"

——杰西（13岁，确诊注意缺陷多动障碍以及阿斯伯格综合征）

融合教育的历史

你可能上过这种学校，残障学生是在走廊一头单独的教室或者是在单独的教学楼里上课；也可能上过这样的学校，残障学生就坐在你的旁边。每个人对融合教育的看法可能都是源于自身的教育经历。

1975年之前，残障学生的上学权利是没有法律保护的。因此，很多有重度残障的学生都是在隔离学校或者机构里接受教育（家长付费）；还有些学生压根就没有接受过教育。1975年，国会通过了《残疾儿童教育法》(PL 94-142)，后来又将其重新修订通过，最新版本称为《残疾人促进教育法》(2004，PL 108-446)。这部法律规定所有残障学生都有权接受公立教育，事实证明，对于残障学生及其家庭来说，这是向前迈进的一大步。根据这部法律，所有残障学生都有权在最少受限制环境中接受适合自己的免费公立教育（free appropriate public education，FAPE）。以上术语在下一节均有详细解释。

适合自己的免费公立教育

为了解释清楚这个术语，我们把这几个词分开来看：

免费（free）：所有残障学生都有权上学，其教育所必需的支持和服务应由公费支出。

适合（appropriate）：必须为残障学生提供辅助技术、服务资源，使他们能够参与个别化教育计划中的学业及课外活动。

公立教育（public education）：公立学校保证提供特殊教育及相关服务资源。

最少受限制环境

这是法律术语，指的是为融合提供支持的环境。2004年修订的《残疾人教育促进法》明确提出了这一概念，规定所有残障学生都有权在最少受限制环境中得以安置。

最少受限制环境指的是，在适合的前提下，学区应最大限度地让残障学生与没有残障的同龄人一起在普通学校接受正常教育，并为他们提供适当的辅助与支持，这些辅助与支持称为额外的辅助与服务（IDEA 2004）。

在最少受限制环境中，普通教室应成为残障学生教育安置的首选环境，之后才考虑其他限制比较多的环境。换句话说，残障学生接受教育服务的地点应首选普通教室。

什么是额外的辅助与服务？

《残疾人教育法》旨在让学生不但受益于特殊教育，而且能获得额外的辅助与服务。这些辅助与服务包括"在适合的前提下，为了使残障学生最大限度地与普通学生一起接受教育，在普通班级、其他与教育有关的环境以及课外和非学习环境中所提供的任何辅助、服务以及其他支持"（34 C.F.R. §300.42）。其目的在于提供必要的支持，以使残障学生能够与普通学生一样接受教育、参与活动，能够有机会接触普通教育环境、学习普通教育课程。教育工作者曾经采取的比较有效的额外辅助与服务形式包括对普通教育课程安排进行适当改动或者为学生提供合理便利（例如按需调整座位、使用电脑、录制讲座、减少久坐时间、教学内容分级、改变学习成果的呈现方式、改变教学过程等），配备接受过特殊教育培训的教师，为普校教师提供特殊教育培训，使用计算机辅助设备，帮助学生记笔记，更改教学材料等。图2.1的参考对照表中列出了很多额外的辅助与服务，都是可以直接使用的。

教育工作者必须用尽所有可能的辅助和服务，证实无效之后，才能判定学生不适合普通教室。法案中并没有明确提及"融合"这个字眼，但是却隐含了这个意思，最少受限制环境和各种各样的额外辅助与服务就是用来支持融合的理念，支持在普通教育环境中提供特殊教育及相关服务。

融合教育的定义

融合的定义有很多，但是我们最喜欢的定义如下。

昆茨将融合教育定义为：

> 对人类社群多样性的尊重与保护。如果我们完全接受了融合教育的理念，那就不会再有这样的想法：孩子必须要变得"正常"，对这个世界才有价值……
> 我们就会看到，除了传统方式，还有其他方式也能让我们成为这个社群中有

价值的一员，如果能够看到这一点，我们就会努力去实现这个目标——让所有孩子都获得真正的归属感，而这个目标，是可以实现的。(1992, p. 20)

关于融合教育，乌德瓦里-索尔纳（Udvari-Solner）给出的是不同的定义：

> 融合教育推动了对当前校园文化的反思与批评，从而激励教育实践者去重新思考教育可以是什么样子、应该是什么样子，打造更具人文情怀、更为公正、民主的学习环境和氛围。学生遭遇不公正对待、教育机会不平等的现象引起了人们的关注，让大家更加重视人权，尊重差异、保护多样性。(1997, p. 142)

融合教育是什么样的？融合课堂的特征

融合教育环境有一些特征表现，首先，每个班级的残障学生比例应该是该校残障学生占比的自然反映；其次，普通教师和特教老师应该共同制订教学计划、开展团队教学；学校方面，应该积极打造融合氛围，开展差异教学，努力让残障学生获得更多教育资源；另外，在座位安排上应该灵活多样，在教学活动上应该吸引学生的兴趣。

残障学生比例

不管是哪个班级，残障学生人数都应该反映该校残障学生的比例。例如，如果该校残障学生占比12%，那么每个班级的残障学生比例就不应该超过12%。在融合班级，残障学生比例不应该超过半数。一个班级里残障学生过多，特殊需求就会过于集中，那么这个班级就变成一个特教场所了。

共同制订教学计划

普校教师和特教老师必须每周约定一个时间，集思广益，商定接下来的课程教学计划。除此之外，还应该建立沟通机制，方便教师就教学细节、学生需求以及出现的问题进行探讨。共同制订教学计划的人员，还应包括其他相关服务的提供者，唯有如此，一些治疗措施才能实现全天候无缝衔接。

开展协同教学（Co-teaching）

融合课堂常常是安排两位教师（一位普校教师和一位特教老师），二人共同承担所有学生的教学任务。两位教师灵活合作，协调一致。不存在哪一位老师仅仅负责哪一类学生的情况。在普通教育课堂上，教师们常常共同开展教学活动，或者将学生分成小组进行教学。不是所有的融合班级都有两位老师。有时候是由特教老师对教学计划进行改动和调整，由普校教师来实施。有时候，协同教学是由普校教师和助理教师一起完成的。协同教学也称团队教学（team teaching）或者协作教学（collaborative teaching）。

参考对照表：
额外的支持、辅助与服务

使用说明：考虑某一学生需要哪种个别化的支持、辅助或服务的时候，可以参考该对照表，判断哪些形式的支持干扰最少，哪些形式的支持仅在必要时才特别提供，哪些形式的支持对于当时的课堂情境来说最适合、最自然。

环境方面
☐ 按需调整座位。
☐ 事先安排座位。
　☐ 校车
　☐ 教室
　☐ 餐厅
　☐ 礼堂
　☐ 其他地方
☐ 调整室内环境布局。（特别要求：_____）
☐ 使用自习室或者安静角。
☐ 详细划分并规定区域功能（比如使用地板块或者小块地毯区分、在地板上贴胶带划分）。
☐ 尽量减少分散注意力的东西或者事情。
　☐ 视觉方面
　☐ 空间方面
　☐ 听觉方面
　☐ 运动方面
☐ 在如何把握空间距离方面，以肯定句的形式向学生明确规则[①]。

教学节奏
☐ 放松时间要求。
☐ 教学活动多样化。
☐ 允许学生休息。
☐ 不留限时抄写的作业。
☐ 教材多备一份，假期在家预习使用。
☐ 学习材料多备一份，在家预习或者复习使用。

图 2.1　参考对照表：额外的支持、辅助与服务[②]（第 1 页，共 5 页）
From Villa, R. A., Thousand, J. S., & Nevin, A. I. (2013). A guide to co-teaching:
New lessons and strategies to facilitate student learning (3rd ed., pp.198–201).
Thousand Oaks, CA: Corwin Press; adapted by permission of SAGE Publications.
In The Educator's Handbook for Inclusive School Practices by Julie Causton & Chelsea P. Tracy-Bronson
(2015, Paul H. Brookes Publishing Co., Inc.)

[①] 译注：即和学生说明可以做什么、应该怎么做，而不是"不能做什么"。
[②] 编注：本书中提供的可用于教学实践的图表，可关注"华夏特教"公众号获取电子资源。

教学材料的呈现方式
☐ 根据学生的学习风格/智能优势施教。
　　☐ 言语语言智能
　　☐ 数理逻辑智能
　　☐ 视觉空间智能
　　☐ 自然观察智能
　　☐ 身体运动智能
　　☐ 音乐韵律智能
　　☐ 人际沟通智能
　　☐ 自我认识智能
☐ 使用主动体验式学习法。
☐ 使用特殊设计的专门课程。
☐ 录制课堂教学以及讨论过程以备回放。
☐ 使用手语和/或综合沟通法。
☐ 事先准备笔记、概要或者整理工具（比如思维导图）。
☐ 为学生提供其同学的笔记复本（比如使用复写本、复印等）。
☐ 将教学内容与实际生活相结合。
☐ 使用教学模型进行教学演示。
☐ 在数学教学中使用教具和实物。
☐ 重点突出关键内容或者主要意思。
☐ 提前讲解词汇。
☐ 制作、使用词汇表或者列出生词。
☐ 降低阅读材料的语言难度。
☐ 使用辅助沟通法（Facilitated Communication[①]）。
☐ 使用视觉提示梳理想法/步骤。
☐ 让学生结对，一起阅读/写作。
☐ 课堂教学或者活动期间减少久坐时间。
☐ 使用日记或者学习日志。
☐ （学生不懂）教学指令或者教师提出的问题时，教师重新组织语言/解释。
☐ 用简单语言帮助学生预习和复习主要内容。

教学材料
☐ 每页内容不宜过多。
☐ 将教材及其他课堂材料录制成有声书。

图 2.1　参考对照表：额外的支持、辅助与服务（第 2 页，共 5 页）

[①] 编注：辅助沟通法（Facilitated Communication），也叫支持式打字，指一个人用肢体辅助另一个人，帮他指图片和文字。其设计基于这样的理念：沟通障碍人士面临的很多困难是因为运动障碍，而不是社交或沟通障碍。但这种方法数年前已被研究证明无效。

☐ 使用学习指南以及先进的整理工具。
☐ 使用补充材料。
☐ 辅助学生做笔记。
☐ 复制课堂笔记。
☐ 将考试试卷以及课堂笔记扫描，存入电脑。
☐ 使用大字课本。
☐ 使用盲文材料。
☐ 使用沟通本或者沟通板。
☐ 提供辅助技术和软件（比如 IntelliTalk[①]）。

专门设备或者程序

☐ 轮椅	☐ 助行器
☐ 康复站立板	☐ 姿势固定装置
☐ 电脑	☐ 电脑软件
☐ 电子打字机	☐ 视频
☐ 改装键盘	☐ 语音合成器
☐ 辅助开关	☐ 扩大性沟通设备
☐ 导尿管	☐ 呼吸器
☐ 腿部支架	☐ 卫生间辅助设备

☐ 特制餐具、盘子、杯子以及其他材料

对作业进行改动

☐ 将任务分解成小步骤进行（文字/图片/口头）说明。
☐ 给出口头指令，配有文字解释备用。
☐ 给出口头指令，辅以图片说明。
　　☐ 降低难度
　　☐ 提高难度
　　☐ 减少作业量
☐ 减少书写作业。
☐ 将指令念给学生听或者录制下来。
☐ 给出提示或者辅助。
☐ 允许学生录制作业或者打字完成作业。
☐ 对作业单和作业包进行调整。
☐ 如果学生能力无法满足课堂要求，另外布置其他作业作为替代。
☐ 忽略拼写错误/字迹潦草。
☐ 忽略书写问题。

图2.1　参考对照表：额外的支持、辅助与服务（第3页，共5页）

---

① 译注：IntelliTalk，一种文字处理程序。

自我管理/跟进确认
☐ 准备图片或者文字形式的日程表。
☐ 准备学生日程安排表。
☐ 经常检查，确认学生是否理解/是否记住。
☐ 要求家长帮助学生强化巩固所学内容。
☐ 要求学生重复指令。
☐ 教授学习技能。
☐ 使用活页夹整理材料。
☐ 针对不需要马上就交的作业，设计/书写/使用完成作业的长期计划，明确各个时间节点。
☐ 在真实情境中复习和练习。
☐ 在不同的情境中教授技能，为泛化使用所学技能做好准备。

考试调整
☐ 提供口头解释，或者将考题读出来，或者既读考题又给出解释。
☐ 以图片的形式进行解释/提问。
☐ 将考卷念给学生听。
☐ 事先检查考题的措辞。
☐ 考题适用于真实生活情境。
☐ 安排单独考试。
　　☐ 允许简短回答。
　　☐ 使用选择题。
　　☐ 缩短考卷长度。
　　☐ 延长考试时间。
　　☐ 开卷考试，允许学生参考笔记或者教材。
☐ 调整考卷形式，避免看起来太过复杂，或者引起混淆。

社交互动支持
☐ 利用自然的同伴支持，多个同伴轮流"值日"。
☐ 利用学生同伴，倡导支持接纳。
☐ 利用合作学习小组。
☐ 实施同伴辅导。
☐ 创造社交互动机会（比如玩"朋友圈"的游戏）。
☐ 着眼于社交过程，不纠结社交成果。
☐ 在学校和课外活动中让学生与别人有共同的体验。
☐ 教其他同学如何交友、如何分享、如何协商。

图 2.1　参考对照表：额外的支持、辅助与服务（第 4 页，共 5 页）

☐ 教授社交沟通技能。
　　☐ 问候
　　☐ 对话
　　☐ 轮流
　　☐ 分享
　　☐ 协商
　　☐ 其他技能

工作人员支持（先考虑上述支持形式，判断无效之后再考虑工作人员支持）
☐ 咨询
☐ 临时短期支持
☐ 团队教学(平行、辅助、互补或者协同教学)
☐ 工作人员进入课堂提供日常支持
☐ 工作人员全程支持(工作人员与学生距离很近)
☐ 一对一辅助
☐ 专业人员支持（如果需要，则需明确所需时长）

支持形式	所需时长
☐ 教学支持	_____
☐ 医疗支持	_____
☐ 行为支持	_____
☐ 手语支持	_____
☐ 护理支持	_____
☐ 作业治疗	_____
☐ 物理治疗	_____
☐ 言语治疗	_____
☐ 扩大性沟通支持	_____
☐ 交通支持	_____
☐ 咨询	_____
☐ 适应性体育支持	_____
☐ 转衔计划支持	_____
☐ 引导/助行	_____
☐ 就业咨询	_____

图 2.1　参考对照表：额外的支持、辅助与服务（第 5 页，共 5 页）

打造融合氛围，倡导融合文化

在融合班级里，教师不断努力打造融合氛围，要保证让学生感到师生关系、生生关系都是密切而融洽的。融合氛围有个共同的宗旨，就是不同的人有不同的学习方式。打造融合氛围可以借助各种各样的方式，不过在融合班级，每天早上或者每节课开始的时候都可以开个小会，请学生跟同学分享某个东西或者讲一件对自己很重要的事儿。你可能见过那种有组织的方式，学生按一定的规定机制去了解彼此。例如，学生可能会做一个名叫"书包里的家庭作业"的游戏来倡导融合，在这个游戏中，每个学生都从书包里拿出一个能代表自己的东西，与小组的其他同学分享。通过这样的游戏，打造融合氛围，拥抱差异、接纳残障、尊重多样性，让每位学生都感觉自己是集体的一分子。

开展差异教学

很显然，在融合教室里，共处同一学习空间的学生在学业、社交和行为等各个方面的水平和需求都不一样。差异教学就是融合教育工作者针对这些需求采取的策略（Tomlinson，2000；Tomlinson & Kalbfleisch，1998；Tomlinson & Strickland，2005）。差异可以体现在教学内容、教学过程以及教学成果等方面。不同学生的学习目标可能是相似的，不过是以不同的方式达到这个目标，如此一来，学生就可以从不同的切入点来实现自己的学习目标。例如，所有学生可能都在做数学题，不过有些学生是用教具做，有些是自己演算，有些是在计算器上检查，还有些是用可擦写记号笔和白板涂写。融合教育的一个特点就是，在设计差异教学活动并将其付诸实施、帮助学生提升能力的过程中，普校教师和特教老师起着同样重要的作用。

残障学生不必隔离

在融合学校，所有学生都是普通教室里的全日制成员。融合教室没有那扇离开的门，不会让残障学生出去单独接受特殊教育、学习某项技能或者科目。特殊教育服务、各种领域的干预及其相关服务都是在普通教室里开展的。学习材料可能会进行差异化处理，做出适当改动或者调整，以方便学生顺利学习。学生不用去单独的治疗室使用感官材料，而是由作业治疗师做一个满足学生感官需要的工具箱放在教室里，让学生在英语课或者数学课上使用。在写字课上，学生可以学习三指抓握的技能，练习握笔也很自然。融合教育的一个主要特点就是，不是让学生离开教室去接受治疗，而是将服务和支持资源送到他们跟前。

学生分组和座位安排多样化

在融合教室里，教师必须在座位安排和学生分组方面花点心思。残障学生应该在教室里分散就座。换句话说，不应该让残障学生聚堆，或者安排他们坐在一起。残障学生的储物柜也应该自然地分散开来。开展小组教学的时候，教师不应该根据学生的能力分组，而是应该保证每个小组里各种各样的学生都有，这种分组情况越多越好。

吸引学生

融合课堂的教学活动非常丰富，而且照顾所有学生的需求。上课的时候，没有太多大班课，就是老师一直讲、学生被动听的那种模式。融合课堂很吸引人，也很有意思。教师设计教学活动的时候会考虑学生不同的学习风格。在融合教室里，学生是积极主动地学习。他们经常站起来，离开自己的座位，还经常参加小组活动和结对活动。教学内容需要满足学生的需求，允许他们到处走动，和同学一起学习，还要允许他们去摸教学材料，进行互动。教学活动要融入各种各样的感官体验形式。换句话说，融合课堂需要高超而扎实的教学技巧。

为什么要在融合教室里提供特殊教育及其相关服务？

首先，根据法律规定（IDEA 2004；NCLB 2001），在普通教室的物理环境中也要提供特殊教育及相关服务。其次，美国言语语言听力协会（American Speech-Language-Hearing Association，ASHA）、美国作业治疗协会（American Occupational Therapy Association，AOTA）这种国家级的专业组织，还有全校综合教育转型框架（Schoolwide Integrated Framework for Transformation，SWIFT）这种联邦资助项目，也都很明确地支持提供融合教育服务与合作服务。再次，一般来说，学生不离开普通教室，而是和同龄人在一起接受教育，学习效果要好得多（Theoharis, Causton, & Tracy-Bronson, 2015）。其中部分原因是一旦离开教室，他们会错过很大一部分的教学内容。最后，在学校每天都有很多不同的活动，学生要学会适应不同活动之间的转换与衔接，而被单独隔离的学生基本不太可能有机会去处理这种情况。提供融合教育及相关服务，不仅让教育专业人员遵循法律精神，服从国家组织的旨意，还为学生提供最好的教育环境，最大限度地开发他们在学业和社交方面的潜能。

融合教育与干预反应模式[①]如何相互配合？

全国各地很多学校和地区都采取了干预反应模式（Response To Intervention，RTI）的三级干预模型，这个模型通常呈三角形：三角形最底层是精心设计的课程教学，中间层是针对某些学生进行特定干预，最上层是针对少数学生进行更多干预，甚至是更

---

① 译注：也译为介入反应模式、反应干预模式。

为集中的干预。如果以干预反应模式的框架或者与其相似的积极行为支持三级框架来解读融合教育，那么可以说真正的融合教育能够大大扩展这个三角形最底层的覆盖范围，在这个层面也有很多学生常常面临重重困难，融合教育可以让他们在学校生活得更加顺利轻松。重要的是要认识到那些开展融合教育的学校在这些孩子身上确实看到了效果，要是没有融合教育，他们一般都是在限制更多的环境里接受干预。

有些学校希望针对某个目标学生群体进行针对性的干预，而融合教育与此不同，融合教育提供的是无缝衔接的融合支持。开展融合教育的学校是在普通教育环境中通过差异教学以更好的方式满足学生的需求，让学生有机会接触丰富的社交环境，有机会学习嵌入了支持资源的核心课程。

关于个别化教育计划，我需要了解什么？

接受特殊教育服务的学生必须有个别化教育计划。有个别化教育计划的学生是经过团队评估和观察之后判定确实存在障碍的学生。个别化教育计划是由团队撰写的计划，明确该生在某一学年需要优先学习的内容，具有法律意义（Huefner, 2000）。这个团队的成员有家长、学生本人（在合适的情况下）、普校教师、特教老师、学区代表以及其他必需的专业人员（比如心理学家、言语治疗师、作业治疗师、物理治疗师）。为了撰写计划，团队成员每年都要召集会议，评估并记录学生的需求，确定下一学年在普通课堂融合方面应该达到哪些目标，并把这些写进年度计划。根据美国教育部的要求（2004），个别化教育计划必须包括下列信息，这是法定要求。

- **学生目前的表现**——学生不同的科目表现如何；
- **可以量化评估的目标以及阶段性目标**——下一学年学生在不同的方面应该达到的目标；
- **特殊教育及其相关服务**——由特殊教育工作者提供服务的种类、级别以及数量；
- **该生与普通学生的融合达到什么程度**——个别化教育计划必须明确学生与同龄普通学生在一起相处的时长；
- **说明如何测量学生的进步幅度**——团队需要说明如何测量学生是否有进步、进步有多大、多久测一次；
- **需要做出的改动**——为了满足学生的需求，需要做出哪些改动和调整；
- **是否参加全国考试**——个别化教育计划需要说明学生是否参加全国性的考试，如果参加，需要对考试做出哪些改动；
- **服务地点**——学生接受服务的时长和地点（比如普通教室）；
- **转衔服务**——针对年满16岁的学生，必须明确做好转衔的准备。

普校教师和特教老师在个别化教育计划执行过程中的作用至关重要，学生在学业、感觉、社交以及行为管理方面的表现能够达到什么水平与他们息息相关。个别教育计划团队撰写这些方面的目标时，教师还要提供支持。除此之外，教师还应与个别化教育计划团队合作，确定每项特殊教育服务需要多长时间才能帮助学生达到计划目标，同时还要决定应该在哪里提供这些服务。人们曾经认为，撰写个别化教育计划的过程就是教师在会上露个面，写上他们的计划目标，再填上一些信息，就可以了，不需要和其他团队成员一起研讨，这种想法已经过时了。表 2.2 中给出了小学生在学业、社交、行为以及治疗方面的个别化教育计划目标示例。

表 2.2　融合教育环境中二年级学生的个别化教育计划目标示例

技能	融合教育计划目标示例
写字	给詹姆斯一张带有凸起横格的纸、一块斜坡板、一个握笔器，他就能写出三个完整句，句子属于说明文，用于解释做事步骤，其他同学能看明白。
握持	课间休息玩跳绳的时候，妮莉亚可以保持双手位置不变，并且坚持握绳不松手，保证连续摇绳 15 个。
用剪刀	为爱迪生提供视觉支持，提示他需要哪些词，还给他提供专门为他改装的剪刀，明确告诉他在合作小组中承担什么任务以及整个小组需要完成什么任务，他就能剪出合适的图片、特定的内容以及对应的单词，还能把这些东西粘在海报上。
数学	为佩奇提供视觉模拟计算器，还有其他教具，再加上同学的帮助，他就能做出十以内的加法应用题。
感觉	让艾登穿一件重力背心或者拿一个加重毛绒动物玩具，再给他一个圆形坐垫、一个指尖玩具，外加一个平衡板，他就能耐得住性子，坚持完成不超过 10 分钟的课堂朗读，之后再答出阅读理解的问题，一眼就能看出答案的问题和需要推理的问题都可以，准确率能够达到 90%。
发音	在早读时反复唱含有 "/s/" 这个音的歌谣，再给布赖森一个 "s" 这个字母的视觉模型，还让全班同学都模仿这个发音，之后测试布赖森是否能够清楚地发出 "/s/" 这个音，五次中有三次能做到。
语调	在社群活动中，组织者让学生提问的时候，恩佐五次中有四次都能做到以合适的语调（问句结尾的时候才会停顿呼吸、而且会用升调）向同学提问。
轮流	在科学实验小组讨论中，大家以传球的方式决定谁有权发言，伊万里能够等着拿到球才发言，试了八次，每次都能做到。
掌握发音需要做出什么口型，形成肌肉记忆	上大班课的时候，给乔斯琳一大块口香糖，她就能嚼 30 分钟，左边和右边各 15 分钟，锻炼下颌咬合力以及对称稳定性，这些都有利于发音。

制订个别化教育计划目标的时候，教育团队需要写出与年级学业水平相一致的年度目标，这一点很重要。表2.3给出的学业、社交、行为以及治疗目标示例就与国标（美国）规定的高中九年级水平一致，表2.4给出的个别化教育计划目标与国标（美国）规定的中学六年级水平一致。

表2.3　融合教育环境中九年级学生的个别化教育计划目标示例

科目领域	融合教育计划目标示例
阅读：文学作品	给迦勒准备一段与其年级水平相当的课文，为他播放这段课文的音频，用思维导图加上同学辅助提醒，他就能根据课文中的线索找到记叙文的几个要素（比如主题或者中心思想、人物、情节），连续三次测试，准确率达到80%。
阅读：信息文本	给迦勒准备一段与其年级水平相当的课文，为他播放这段课文的数字音频，再帮助他用思维导图，加上同学辅助提醒，他就能根据课文中的线索找到信息文本中的中心思想，进行一些推理，还能写一篇总结，准确率达到80%。
阅读：基础技能	根据迦勒的阅读水平给他一篇文章，他能综合运用字母发音的对应规则、音节组合规律以及构词法等方面的知识，读出所给文章，准确率达到90%。
写作	如果能够为迦勒提供辅助技术，有软件给他提示，有同学给他辅助，给他延长时间，再加上学习单词拼写、组合、语义等方面的知识，他就能提出一个论点或者观点，还能给出论据，最后得出结论，与前面提出的论点一致，准确率达到80%。
数学	如果能够为迦勒提供教具、辅助技术以及辅助计算的数学工具，他就能答出与其年级水平相当的数学题，连续三次测试，准确率达到80%。
行为	听课的时候，如果小声提示迦勒或者给他视觉提示，他就能做到先举手后发言。
言语和语言	在语言活动中给迦勒一些听觉提示，他就能针对有关"怎样""什么时候""为什么"之类的推理性问题给出合理的回答，在连续三次语言治疗课上就此进行测试，准确率达到80%。 在成年人的辅助下，迦勒能和同年级水平的同龄人围绕一个主题内容展开有来有往的对话，对话至少持续五个来回，准确率达到80%。

意识转变：从"我的学生"到"我们的学生"

融合学校的教师要转变意识，以前是"你的学生"或者"我的学生"，现在是"我们的学生"。这种语言上的转变代表了一种理念，教育团队所有成员共同承担所有学生的教育责任。这种理念甚至在教学环境以及课程分担方面也有所反映。例如，教学团队谈到学生的时候会避免使用"我的"或者"我"这样的字眼，他们的措辞应该传达给别人这样的信息——老师们是一个团队。因此，普校教师会说"我们的教室"，学生带给家长的通知单上会签上"三年级教学组",并且在下面列出所有成员(包括教师、治疗师和助理教师)的名字。教室门上也会写上所有专业人员的名字,每位专业人员在教室里都有一个专门的地方放置自己的东西和教学材料。需要注意的是,如果执行得好,学生一般不会注意到每位老师究竟是负责什么的,他们会把教室里所有成年人都当作老师。

表2.4 融合教育环境中六年级学生的个别化教育计划目标示例

科目领域	融合教育计划目标示例
历史/社会研究方面的读写能力	给克里斯蒂娜一篇专门针对她的水平改编的文章,再为她提供辅助技术(平板电脑和专门程序),有同学给她辅助,给她延长时间,她就能在描述历史/社会研究过程的文本中厘清关键线索,准确率达到80%。
阅读:文学	给克里斯蒂娜一篇用Mayer-Johnson符号①转写的文章,再为她提供辅助技术,有同学给她辅助,她就能描述其中的人物随着故事情节的发展有哪些感受/反应,准确率达到80%。
写作	帮克里斯蒂娜列出一些相关的主题,有同学跟她一起集思广益,再为她提供辅助写作的设备和技术,她就能写出一篇说明文,文章开头介绍主题,接下来列出三个事物类别,每个类别还包括两个详细解释,除此之外还有标题和图形,准确率达到75%。
数学	为克里斯蒂娜提供一个视觉模拟计算器,给她安排一个抄写员和一位同学为她提供辅助,再把做题需要的公式给她,她就能算出直角三角形和其他三角形的面积,准确率达到90%。
行为	帮克里斯蒂娜列出一些建议,说明什么时候可以休息,再给她一个计时器,她就可以把工作分成几段,在适当的时候休息,准确率达到95%。
言语和语言	为克里斯蒂娜提供辅助沟通设备、沟通板,再加上一些简单的提示卡,她就能主动和同学建立伙伴关系,还能主动表示自己在自由活动时间喜欢从事什么活动,准确率达到95%。

在融合教育理念的指导下打造的校园环境能让所有的学生都感到自己受人欢迎,在社交上有成就感,在学业上不断进步。在融合学校里,我们重视和保护的是多样性,而不是同一性。

有关融合教育的常见问题

问:具体到某一个学生,融合教育真的就是最好的选择吗?

答:这个问题对老师来说很常见。一直以来的研究都表明,对于残障学生来说,

---

① 译注:Mayer-Johnson,一种符号沟通系统,国内尚无统一的翻译名称。

无论是在教育方面还是社交方面，融合教育环境的效果都比非融合教育要好。难点在于搞清楚如何让普通教育环境适应学生的需求。这就要求我们学习如何解决问题，如何协作，如何针对学生的差异提供不同的支持，实现课程教学与学生需求的完美融合。

问：我该怎么向家长介绍融合教育服务呢？

答：对于有些人来说，融合教育是一个新名词。这么多年来，教育专业人员可能一直都在跟家长宣传那种将残障学生带出普通班级接受特殊教育的做法有多么多么好，设置资源教室、把学生安置在单独的教学楼、提供个别服务有多少多少优点。那么，现在，要如何宣传融合教育的好处呢？应该如何向家长介绍融合教育，表2.5给出了一些建议。

表2.5 如何向家长介绍融合教育

问题	回答建议
学生在哪里接受这些服务呢？	以前是把学生从普通教室带出去接受服务，现在是"送教到学生"，学生不用再离开教室了。
这种形式会让我的孩子觉得难堪吗？	以前是在融合教室最后面放张桌子单独教特殊学生，其他学生都能看到，现在不是这样了。现在每个学生的教育目标都是很自然地融合在学校生活中的。
为什么要以融合的形式提供服务呢？	教育工作者发现，整体来讲，能够在普通教室不间断融合的学生会有更好的表现。联邦法律也规定，应该优先提供融合教育，不可行的情况下才把学生带出去接受服务，因为如果所有的特殊教育及相关服务全都融合在学校生活中，学生会有更好的表现。很多学生都觉得离开教室去接受特殊教育服务是很丢脸的事，他们觉得这种做法对他们的社交和情绪都有负面影响。在单独的干预教室或者治疗环境中学到的技能往往不能泛化到自然情境当中，因此，首选在自然情境中教他们学习技能有助于他们将这些技能付诸实践。
那么这种形式是不是意味着我的孩子接受的服务变少了呢？	特殊教育工作者和相关服务提供者将与普校教师一起合作，把这些需要学习的技能融入课堂教学中，因此你的孩子反倒有可能得到更多的服务与支持，以便实现个别化教育计划中的目标。

问：不把学生带出普通教室单独接受特殊教育的话，我怎么能达到特殊教育服务时长的要求呢？

答：服务的形式可以多种多样。法律规定的意思是要"送教到学生"，这种服务不是固定地点的。因此，这个时间可以是在普通教室里花的时间，也可以是创建一个学习中心花的时间，甚至针对其他老师在授课的时候如何融入某些技能提出建议所花的时间也算在内。改动或者调整教学材料，让残障学生在普通教室、在学校这一天也能学到东西，在这些事情上所花的时间也是服务时长。制订、制作或者特别设计教学计划或者教学材料，以便在校园里全天候全方位地实现教学目标，这种做法比让学生单独接受特殊教育效果更好。

问：我是一名特教老师，我负责的学生非常多，我怎么才能为所有学生提供融合教育呢？

答：在法律上有一点越来越明确了，那就是不能为了方便工作人员就把学生带出普通教室，这不是单独隔离学生的理由。因此，你可以先判断一下，哪些学生需要直接支持，哪些学生接受咨询即可，哪些学生需要你时不时地过去看看他们有没有进步。然后，根据这些需要安排自己的日程。不要认为你的工作量是静态的、一成不变的（比如上午 11:30~11:45，克洛伊应该在特殊教育教室接受额外的辅导，提高他的发音意识），而是要考虑在校期间什么时候提供此类服务、什么时候解决问题最合适。

问：融合真是法律规定的吗？

答：2004 年修订的《残疾人教育促进法》没有使用"融合"这个术语，不过，这部法律确实明确规定了必须将所有学生安置在最少受限制环境里。首先要考虑的肯定是普通教育环境，如果学校打算将学生安置在限制较多的环境中，则必须证明他们已经尽力在普通教育环境中为学生提供了适合学生的额外辅助和支持。

本章小结

现在的学校越来越接受融合教育理念了。因此，在融合教育环境中工作的教师需要理解融合教育的理念以及主要概念，了解其历史发展，分辨什么样的课堂才是真正的融合课堂，还需要学习个别化教育计划的概念，明白这个框架计划能为融合教育环境中的学生提供最充分的支持。不过，没人要求你独自承担这一切，你不是一个人在战斗，你是教育团队的一员。下一章主要介绍特殊教育的具体要素，不管是普校教师还是特教老师都需要了解这些信息，才能开展融合教育。

第三章

特殊教育

> 大师，给我们讲讲花的名字是怎么来的吧。

> 很久很久以前，花是没有名字的，每一朵都很珍贵，因为每一朵都有自己的美，后来，有人决定把有些花称作草，还告诉大家没人喜欢草。可是直到现在，看这大千世界，也是有人看花，有人看草。

你愿意看什么呢？花，还是草？

> "我更倾向于把自己的残障看作一种多样性,而不是不正常或者缺陷。我有很多特质,这些特质构成了现在的我,而残障只是其中一个特质而已。人不需要刻意去证明自己有价值。很显然,我们这里所说的其实是人权问题。我们需要树立这样的观念,每个人都有自己的价值,这种价值与生俱来,不需要任何附加条件,不管他们是什么样的人,有什么样的特质。"
>
> ——诺曼·昆茨(Norman Kunc, Giangreco, 1996b/2004)

> "我参加了一个专门针对残障学生的项目,拿到了特殊教育教师的资格证。我现在有跨专业任教资格,面对残障情况各不相同的学生,常常感觉措手不及。"
>
> ——苏珊(特教老师)

> "我在我们学区已经任教 17 年了,现在新规定下来了,要求我们接收特殊学生。刚听到这个消息的时候,我感到非常意外、震惊,甚至有些沮丧。我没接受过特教培训,现在却要负责教残障学生——你能想象吧,就是孤独症学生、阿斯伯格学生、唐氏学生,有全天的,也有半天的。要学的东西真的很多。"
>
> ——蒂娜(普校教师)

> "走路、说话、绘画、阅读和写作的方式不止一种。"
>
> ——托马斯·赫尔(Thomas Hehir, 2002, p. 17)

> "特殊教育并不意味着必须改变课程计划,而是给残障学生一个助力,让他们能有机会学习这些课程,再提供一些途径,以满足他们因残障而产生的特殊需求。"
>
> ——托马斯·赫尔(Thomas Hehir, 2002, pp. 23-24)

什么是特殊教育?本章将要解答的就是这个问题,除此之外还有下列问题:接受特殊教育的都有哪些人?"残障"指的是什么?在教育领域,为什么我们应该对贴标签的行为持谨慎态度?特殊教育中常用的术语是什么意思?残障都有哪些不同的类别?在本章结尾,还会回答其他一些常见的问题。

本章明确了一些重要的概念和理念,对于在教育领域工作的人,尤其是普校教师和特教老师,这些概念和理念是非常重要的。了解这些概念和理念后,教育工作者就可以理解教育体系这种更为宏大的概念,毕竟他们是这个体系中不可或缺的部分。融合教育既然已经成为了教育的一部分，那么对于身处其中的所有人来说，有关特殊教育的知识就是必须了解的。

什么是特殊教育？

简单来说，特殊教育就是旨在满足某些学生的特殊需求的个别化教育。这种定制式的教育可能需要为学生提供合理便利，或者对课堂任务做出改动。提供合理便利，指的是对课程进行调整（比如改变考试地点、改变学生答题方式），不会从根本上改变原有课程，也不会降低标准。改动指的是改变课程安排，这种改变确实使课程要求发生了变化（比如改变课程内容、时间安排或者考试形式）。2004 年修订的《残疾人教育促进法》规定，接受特殊教育的学生可能会得到专门的课程材料（比如教材有声书），接受相关服务（比如言语和语言服务），使用某些设备（比如辅助沟通系统）或者不同的教学方法（比如以图示的形式记笔记[①]）。例如，听障学生可能需要手语翻译的服务，这样才能跟上课堂教学。孤独症学生可能需要专门的课程材料，比如可视化日程表，这样学校的日常安排发生变化的时候才能做好准备。有学习障碍的学生可能需要额外的阅读指导，或者延长时间才能完成书写作业。

特殊教育是普通教育的一部分，是帮助学生学习普通教育课程的一个支持体系。根据联邦法律，特殊教育被定义为"为满足残障学生的需求而特别设计的教育，不需要家长付费"（IDEA 2004, 20 U. S. C. §1401［25］）。这个定义认同某些学生在接受普通教育的过程中在学习、行为或身体方面存在困难，由于这些残障，他们需要个别化的支持来帮助学习技能、提高能力，使得他们的潜能在学校得以充分开发。这些额外的服务由联邦和地方政府负担，不需要家长付费。

相关服务都有哪些

有些时候，特教老师、其他教育专业人员，再加上教师助理或者助理教师就能提供残障学生需要的所有支持。但是，学生要从特殊教育服务中获益，有时还需要其他支持。这些额外的支持就是特殊教育法中所说的相关服务。2004 年修订的《残疾人教育促进法》对"相关服务"是这样定义的：

> 相关服务指的是为了帮助残障儿童从特殊教育中获益而可能需要的、旨在让残障儿童接受个别化教育计划中列出的适合其情况的免费公立教育、包括康复咨

---

① 译注：原文中此处使用了"visual notes"一词，即将信息进行提炼整理并以图像与文字结合的方式呈现的笔记形式，有时译为视觉笔记，但这种译法并不普遍。为防止出现误解，采用现在的译法。

询在内的咨询服务、引导与助行①服务以及医疗服务的……交通运输以及发展性、矫正性和其他支持性服务（言语语言治疗以及听力辅助服务、口译服务、心理服务、理疗和作业治疗、包括娱乐疗法在内的娱乐服务、社会工作服务、学校护理服务），包括儿童残障早期诊断和评估。(20 U.S.C. § 1401[602][26][A])

所有相关服务都不需要家长付费。换句话说，所有这些服务都是学生可以获得的、能让他们从特殊教育中获益的服务。

特殊教育是一种服务，而不是某个地点

过去，一说到特殊教育这个词，大家脑海里就会浮现一个特殊的地方或者班级。人们想到的是残障学生去接受特殊教育服务的一个房间、一所学校或者一个单独的地方。但是，这种观念已经过时了。现在，特殊教育及其相关服务不再局限于某个地点。所有学生——包括孤独症学生、智力障碍学生、多重障碍学生以及情绪或者行为障碍学生——在教室环境中学习效果最好，与普通学生一起接受普通教育，对他们帮助很大，这种观点已经得到广泛认同（Causton-Theoharis & Theoharis, 2008; Peterson & Hittie, 2002）。重要的是要记住，特殊教育及其相关服务（比如帮助学生学习阅读、数学或者精细动作技能）是可移动的，很容易直接送教到身处普通教室的学生身边，而不必将学生带离普通教室去接受服务。

美国国内乃至世界各地都在普通教育课堂上开展特殊教育。残障学生主要是在普通课堂接受教育，这种教育形式就可以称为融合教育。在融合课堂上，普校教师、特教老师、相关服务提供者以及助理教师应该保证残障学生在最少受限制环境中最大程度地参与课堂活动以及社交活动。

接受特殊教育的都有哪些人

美国每年有650万名年龄在3至21岁之间的学生接受《残疾人教育法》规定提供的特殊教育服务（美国教育部，2015）。换句话说，大约有11%的适龄学生因受到自身残障状况的影响而需要接受特殊教育。

根据2004年修订的《残疾人教育促进法》，残障学生指的是"有某种（些）残障并且因其残障状况需要特殊教育及其相关服务的人"（PL 108-446, 20 U.S.C. § 1401[3]）。有资格接受特殊教育的学生至少要有一种残障。本章后半部分将逐一列出这些残障类别并进行详细解释。

如果我们针对接受特殊教育的情况进行人群结构分析，会发现在性别、社会经济

---

① 译注：为视障和听障学生提供的一种特殊服务。

地位以及种族方面的数据反映了某种趋势,这一趋势令人忧虑。首先,普校学生中,男女比例大体相当,但是接受特殊教育的学生中,男女比例却是 2∶1(美国教育部,2007)。其次,在接受特殊教育的学生中,来自贫困家庭的比例要高得多(美国教育部,2007)。最后一点,在接受特殊教育的学生中,某个(些)种族或者民族的人口比例畸高。例如,全美学校人口中,美籍非裔学生占学生总数的 14%,那么我们可以推断接受特殊教育的美籍非裔学生也应该在 14%左右(Turnbull, Turnbull, Shank, & Smith, 2004)。但实际上,被诊断有学习障碍的学生中,有 44.9%的学生是美籍非裔(美国教育部,2007)。而且,接受特殊教育及其相关服务的学生中,美籍非裔学生是白人学生的三倍。教育工作者应该意识到这些统计数据反映的趋势,并且大力反对给来自某一群体的学生贴标签这种做法,主动打破偏见闭环。例如,针对来自某一群体的学生,要判断其是否需要接受特殊教育的时候,应该倍加谨慎,排除偏见影响。

如何确定学生属于特殊需要学生及转介流程

如果学生入学时并没有确定其属于特殊需要学生,那么搞清楚如何确定这一点就非常重要。本节将详细解释特殊教育转介流程。

1. 怀疑学生有残障,需要特教服务。学校的专业人员或者家长都可以要求对学生进行评估,判断其是否需要接受特殊教育。但是,评估之前,必须要征得家长同意。评估必须在家长同意之后 60 日内完成。

2. 判断学生是否需要接受特殊教育。评估过程中可能需要将来自干预反应模式的各种数据提供给专业人员团队。之后,专业团队会对学生进行评估,评估内容涉及与疑似残障有关的各个方面。例如,如果怀疑学生有听力障碍,就为其安排各种听力测试。开展这些评估的团队成员来自不同专业领域,包括心理老师、特教老师、普校教师、相关服务提供者,根据情况需要,还有可能包括医学专业人员。学生的家庭成员根据日常观察也会了解到学生在学业、行为、社交以及沟通方面都有哪些需求,这些也是重要信息,可以提供给团队参考。之后所有专业人员和家长都会仔细研究评估结果,将其与残障状况的定义作以对照。

a. 如果判断学生符合接受特殊教育的条件,就意味着学生有资格接受特殊教育服务,也就意味着确定学生有某种残障。这个时候就会进入下一阶段。

b. 如果判断学生不符合接受特殊教育的条件,就意味着学生没有资格接受特殊教育服务,也就意味着没有确定学生有某种残障。但是,教育工作者还是要继续为学生提供他(她)所需要的教育支持。

3. 计划召开个别化教育计划会议。(确定学生需要接受特殊教育之后的)30 日内必须制订个别化教育计划。因此,团队要找一个家长和老师都能接受的时间,召开一次会议。作为老师,你应该告知家长,他们可以邀请了解这方面信息或者专业知识的人来参加会议。

  4. **在会上议定个别化教育计划**。教育专业人员、家长以及学生本人一起共同制订个别化教育计划。

  5. **提供服务**。学区必须按照个别化教育计划的要求提供服务，这是法定义务。服务包括提供合理便利、做出适当改动、给予额外支持，还包括提供学生必需的其他服务。

  6. **评估学生进步并将评估结果告知家长**。学生是否进步，与个别化教育计划中的年度目标还有多大差距，这些都需要评估，并且还要将评估结果告知学生家长，用告知卡就可以做到。

  7. **修订个别化教育计划**。每年都要修订个别化教育计划，重新制订下一年度的目标。

  8. **再次对学生进行评估**。定期对学生进行评估，时间间隔不得超过三年，判断学生的状况是否依然符合残障标准。不过，如果家长和学校达成一致，认为不需要再做这样的评估，那也可以不做。

什么是个别化教育计划（IEP）

  联邦法律明确了各种残障的类别，符合情况的学生都有权得到个别化教育计划。个别化教育计划包括学生信息以及旨在满足其特殊需要的教育计划。计划至少需要包括下列内容：

- 描述学生目前在各个方面的学习表现。
- 明确年度目标以及可以量化评估的阶段性目标。
- 如何评估学生进步，了解与目标之间还有多大差距，还要解释如何将这些信息告知学生家长。
- 说明将要提供什么样的特殊教育、专门指导以及相关服务。
- 说明学生需要什么样的合理便利或者额外的辅助与支持。
- 说明学生在普通课堂融合方面需要达到什么程度。这是为了最大程度地保证学生在最少受限制环境中接受教育。因此，必须明确这些学生与普通学生的融合需要达到什么程度。另外，团队还必须考虑学生是否要参加国家以及地区考试。考试期间是否需要申请合理便利、是否需要做出改动，都是需要注意的。
- 服务开始时间、持续时长以及频率。
- 如果学生不满17周岁，则需要加上转衔计划，其中包括根据学生个别化需求必须提供的转衔服务、在指导过程中必须开展的活动、社群活动经历、日常生活技能以及职业技能等方面的信息。如果上述安排都不需要，则必须解释清楚为什么不需要。

  普校教师和特教老师都可以牵头召开个别化教育计划会议。绝大多数时候是由特教老师牵头，普校教师协同。图3.1中列出了一些有用的建议，保证团队成员都能出谋划策，保证所有参与制订过程的人都能感觉到自己确实真正参与了这个过程。这不仅仅是遵守个别化教育计划制订程序的问题，这是以学生为中心、团队通力合作，使个别化教育计划更有意义的保障。

召开个别化教育计划（IEP）会议之前一个月

与家长谈话。让他们知道可能会有哪些人出席会议。告诉他们这种会议通常是什么形式。提醒家长他们可以请人来参加会议，请谁都行。商定会议地址，所选的地方不能让学生家人感到不舒服。另外，告诉他们，欢迎他们以学生说过的话或者照片作为会议的开场白。有些老师会给家长寄一份问卷，帮助他们厘清自己的想法，以备拿到会上讨论。问卷可能会包括下列问题：

- 孩子都有哪些长处、才能和天赋？
- 你对孩子有哪些期望和目标？
- 你的担心或者焦虑都有哪些？
- 就孩子的校园生活而言，今年真正见效的有哪些措施？
- 你希望看到哪些方面的改变或者纠正？
- 看看去年的目标，你希望做出哪些改变？

召开个别化教育计划会议之前两周

提前邀请团队成员（包括学生家庭），以非正式的形式大概记录一下他们想要在个别化教育计划里加入什么内容。回收问卷，了解家长反馈情况。

召开个别化教育计划会议之前一周

把上述所有想法写个草稿。把草稿发给参会的所有人（包括学生家庭），听取反馈。如果会上要出示报告，不管什么报告，一定要保证至少提前一周交给家长，这样他们才能在开会之前看完（不能要求人家在会上一拿到报告当场就能看完、看懂）。这样的话，开会的时候大家就可以集中精力讨论学生都有哪些进步，还应该采取哪些措施，才能实现家长期待的改变。

会议当天

营造和谐氛围

想象一下，家长走进一间坐满教育专家的房间时可能会有什么感觉。想想怎么才能让会议室和碰面的地方给人感觉更亲切呢？怎么才能让会议氛围更和谐呢？

考虑下面这些建议：在办公室接待家长，陪他们一起走进会议室。给大家准备会议茶点。如果参会学生年龄较小，事先准备几项活动，让他们手上有事可做。考虑座位安排、灯光照明以及总体舒适度。一定要跟所有人打招呼，如果与会成员中有家长之前未曾见过的人，要准备桌签。

请家长或者学生开场

先请家长跟与会人员分享点什么，随便什么都行。有些家长会播放一段视频，给大家看看孩子都有哪些本事。还有的家长会表达自己的希望或者期待。也有的家长会讲个趣事。这样做的目的是从最开始就给会议定个积极向上的调子，聚焦学生做得好的方面，而且马上就能让大家看到家长对孩子的关爱与呵护。再强调一遍，要想办法让会议在积极向上的氛围中开始。

除了家长，还可以请学生来开场，说说自己的进步。对于有些学生来说，做 PPT 这种形式可能会让他们更舒服些。我们建议让学生从小就参加自己的个别化教育计划会议，这是让学生学习为自己争取权益的最好途径。如果邀请学生来参加会议，就一定要认真听取他们的想法和建议。

会议期间

讨论会议议程，在此过程中优先考虑学生的需求，保证会议始终聚焦于学生的目标。保证团队所有成员都认可这些目标。还要保证始终有用于记录的东西——黑板、白板、图纸、智慧黑板等，记录整个团队讨论的目标、想法以及关心的事情。

各个方面的评估信息和数据资料都要出示给与会人员，始终先报告正面信息。

评估结果、术语或者建议中有不常见的东西，要予以解释。跟与会人员核实会议内容。

询问与会人员，"这个听起来怎么样？""这个目标有人有意见吗？""大家都理解这个了吗？"

休息

记住，与会人员可以随时提出休息，不管是谁。

开完个别化教育计划会议之后

给学生及其家长发一条简单的信息。感谢他们来参会。告诉他们你很快（明确日期）就会给他们发一份正式的个别化教育计划，并且欢迎他们与你沟通交流。提醒他们，如果还有问题或者担心的事情，一定要告诉你。

请记住：

1. 家长是我们的战友！家长是团队的一分子，应该得到平等对待。
2. 不要指望任何人在会上就能消化吸收很多的信息。评估报告、数据和草案等材料，不能到开会的时候才第一次拿出来。
3. 普校教师和特教老师也是平等的伙伴。尽管牵头开会的可能不是普校教师，但是他们对于个别化教育计划的内容及实施也同样负有责任。
4. 站在家长的立场上思考。想象一下，走进坐满专业人员的房间，讨论极其重要的事情，这事情关系到你一生中最重要的人，那是一种什么感觉。沟通的时候要考虑周全。

图 3.1　融合教育工作者如何推进个别化教育计划工作会议

504 计划和个别化教育计划之间最显著的区别是什么？

有些学生虽然没有获得个别化教育计划的资格，但有可能符合 504 计划的要求。这就要求融合教育工作者必须了解这两种支持计划之间的差别，因为你有可能需要负责同时执行这两个计划，才能满足学生的教育需求。表 3.1 概括了两者的区别。

表 3.1　504 计划和个别化教育计划之间的显著区别

504 计划	个别化教育计划
1973 年康复法案第 504 条管辖。凡是接受联邦资助的组织和学校，残障人士都有权充分参与或者就读，该权利受民权法案保护。	2004 年修订的《残疾人教育促进法》管辖，属于联邦教育立法。凡是符合联邦认证残障类别的学生，都有权接受适合其情况的免费教育。
旨在保护残障人士，使其在生活中无论身处何种环境（比如上学、就业、进入公共建筑、乘坐公共交通）都不会遭受歧视。残障人士指的是因为身体或者精神上的缺陷限制其进行一项或者多项生命活动（说话、走路、视物、学习、工作、听音或者呼吸），并且持有该缺陷证明的人。	适用于 3 至 21 岁、根据《残疾人教育法》残障类别规定可以认定有学习障碍的学生，因该障碍影响其学习表现或致其无法从普通教育中获益。
评估数据来自多个方面。专业人士可以不征得家长同意就做出判断，但是必须告知家长。	由来自多个学科的教育专业人员组成的团队进行评估。需要家长知情，需要书面同意。
不需要专门指导，但是需要合理便利或者教育服务，排除融合障碍。	需要专门指导，需要针对个体情况提供合理便利以及教育服务，使学生有机会接受普通教育并从中获益。
没有额外的联邦资助。各州和地方司法机关负责。《残疾人教育法》规定的联邦资助不得用于支付 504 计划的服务费用。	各州和地方教育机构接受联邦资助，用于支付特殊教育及其相关服务的费用。
不允许动用学区经费支付第三方评估费用。	如果家长不认可学区所做的评估结果，可以申请符合学区标准的第三方教育评估，由学区支付评估费用。
如果家长不认可最少受限制环境安置形式、认定程序、评估过程或者个别化教育计划的实施效果，学区必须明确申诉程序。在美国民权事务办公室介入之前，不一定必须召开特殊教育纠纷听证会。执行工作由民权事务办公室负责。	听证会允许家长对最少受限制环境安置形式、认定程序、评估过程或者个别化教育计划的实施效果持不同意见。各方通过听证会达成一致意见之前，根据保持现状的有关规定，现行的个别化教育计划以及教育安置形式应该继续保持不变。执行工作由美国教育部特殊教育办公室负责。
不需要报告学生进步情况。	需要报告学生进步情况。

残障指的是什么

给残障分类，是为了"分别考虑发育中的儿童可能遇到的问题"（Contract Consultants, IAC, 1997, p. 8, as cited in Kluth, 2010, p. 3）。搞清楚学生的情况属于哪一种类别，仅仅是了解这个孩子的一个开始。本章一开头就引用了昆茨的话，"这些特质构成了现在的我，而残障只是其中一个特质而已"（Giangreco, 1996b/2004），这句话令人心酸，但也提醒我们：残障是一种多样性。从残障类别根本看不出学生有哪些天赋、才能或者长处。学生有很多方面的情况，残障只是其中之一。残障并不能说明这是一个什么样的人，只能体现这个人的一个方面。

为了解释这一点，请花点时间，用 5 个词来形容一下你自己。你写了哪些词呢？朱莉可能会用一些词来描述她与别人的关系、她的职业或者性格特点等，从而说明自己是个什么样的人。这些描述可能包括"妈妈、教授、喜欢大自然、女儿、外向"等字眼。切尔西的描述可能包括"富有同情心、有勇气、教育工作者、教授、有进取心、运动员"。请注意，我们的描述里没有任何有关缺陷的字眼。一般来说，我们不会用负面的词来形容自己是什么样的人。例如，一个人在平衡收支方面可能做得不是很好，不过他不会首先想到这一点。对于残障人士来说也是一样。残障状况只是他的一个方面（可能还是非常微不足道的一面）。作为教育工作者，我们需要检视自己关于残障的观念和看法。我们首先看到的是这个人的残障状况吗？我们想到的仅仅是这个人的缺陷吗？我们考虑到了每位学生的潜能、长处和才能吗？

残障的社会建构

我们需要认识到的是，残障类别是人为规定的，而这些类别是不断变化的。这些类别是由医学专业人员、教师以及科研人员——还有联邦政府——共同规定的，不是一成不变的。这些类别确实是会变化，而且已经发生了变化。我举一个极端的例子，从中可以看出残障这个概念是如何建构的。曾经有一段时间，智商低于 80 才符合法律规定的智力障碍（intellectual disability, ID，又称"智力发育迟缓"，这是联邦立法中最初的叫法）的判断标准。可是到了 1973 年，联邦政府将这个标准降到了 70 以下。这么一来，成百上千的人就这么"好了"，而实质上，这只是大笔一挥的结果而已（Blatt, 1987）。

这些类别标准一旦确立，还会不断得以强化。换句话说，大家只看自己想看的东西。学生一旦贴上了某种标签，教育工作者就会戴着有色眼镜看待他们，名为残障的有色眼镜。在工作中，我们曾经无数次地看到过这样的事。例如，我们有个研究项目是在三年级教室里开展的，做完美术作业之后，所有学生都在忙着学习或者聊天。教室里很热闹。突然间，美术老师喊了一声："杰米，以后不许这样了！"老师走到黑板前面，把杰米的名字写了上去。其实所有的学生都在讲话，但偏偏老师就只看见了杰米，觉得他说得太欢了、太出格了，因为这是个有情绪障碍（Emotional Disturbance，ED）的孩子。实际上，杰米的行为和其他很多同学并没有什么分别。

残障类别出炉之后，就有不同团队的人来判断谁符合这个标准、谁不符合这个标准。你与这样的人打过交道吗？虽然他诊断有某种残障，但是你真的并不觉得。你见过这样的学生吗？虽然不符合接受特殊教育的标准，但是你觉得他确实可能有特殊教育的需求。残障的标签并不是什么一定之规，能把人套进那些条条框框。这些标签只是提示有些人有什么类型的困难，而且这种标签是别人出于自己的想法而人为规定的。值得注意的是，作为教育工作者，我们常常要说出自己的想法供人参考，而这些想法事关判断一名学生是否应该被贴上残障标签。

贴标签需谨慎

贴上残障标签，对个人来说可能有利有弊。一方面，很多人认为这将有助于家长和专业人员达成共识。这种共识可以让学生有机会获得他们需要的某些支持和服务。在某种程度上，标签是获得某些教育支持和服务的第一步，不可或缺。

另一方面，贴标签或者给人分类确实也会带来一些问题。柯柳尔（Kliewer）和比克伦（Biklen）曾经表示（1996，p.83），给学生贴标签可能"产生贬低的后果，常常导致污名化，让学生在社交上被孤立，在教育上被隔离"。使用这些标签并且过度依赖这些标签引发了很多问题。这些标签会让教师以某种方式而且仅以这种方式来看待某些学生，这就是成见。贴标签容易放大人与人之间的差异。例如，学生被贴上标签以后，老师、治疗师以及助理教师就会盯着学生与同龄人的差异。这些标签还会伤害学生的自尊，因为他们会因为这些标签而区别看待自己。另外，标签还会给人一种"一辈子"的印象，尽管有些时候，学生只是在学校的时候才符合"残障"的定义。不幸的是，这些标签却给了专业人员一种安全感。标签让专业人员相信"残障类别是一成不变的、有意义的，而且很好理解，但是实际上，这些类别既不是一成不变，也没有意义，这些定义也没有被人好好理解"（Kluth，2010，p.7）。

在这本书里，我们沿用了当今教育体系中最为常见的说法。但是，以这种方式来看待人与人之间的差异是有问题的——有时候甚至是有危险的，这一点我们都很清楚。有些人将"残障"这个词的英文分开拼写，在 dis（没有）和 ability（能力）之间加一个斜杠，表示所有学生都应该着眼于自己的能力①。尽管我们比较喜欢分开拼写这种做法，但我们还是刻意使用了在普教和特教领域中最为常见的语言，这样的话，读者比较容易把这些内容与其他专业知识联系起来。

---

① 译注："ability"是"能力"的意思，在英文中，"残障"一词为"disability"，直译就是"失去某种能力"。这句话想表达的是，在英文中常使用 dis/ability 这样的写法，借此来消除这个词的负面影响。

教育术语：字母大杂烩

"字母大杂烩"是一个比喻，指的是在融合教育领域使用字首组词的做法有时候会给家长以及非专业人士带来的那种感觉。下面按首字母顺序列出的很多教育术语，平时提到的时候都是以字首组词代替的。

做个小测试，把右半边盖住，看看你认识多少字首组词？听说过几个？用过几个？召开个别化教育计划会议的时候有哪些词是必须给家长和其他人解释的？

- AAC：全称 Augmentative and Alternative Communication，扩大和替代沟通
- ABA：全称 Applied Behavior Analysis，应用行为分析
- ADA：全称 Americans with Disabilities Act，《美国残疾人法案》
- ADD/ADHD：全称 Attention Deficit Disorder and/or Attention-Deficit/Hyperactivity Disorder，注意缺陷障碍和/或注意力-缺陷/多动障碍
- AOTA：全称 American Occupational Therapy Association，美国作业治疗协会
- ASD：全称 Autism Spectrum Disorder，孤独症谱系障碍
- AT：全称 Assistive Technology，辅助技术
- AYP：全称 Adequate Yearly Progress，年度表现合格①
- BIP：全称 Behavior Intervention Plan，行为干预计划
- CART：全称 Communication Access Realtime Translation，实时沟通语音转写
- CBI：全称 Community-Based Instruction，社区本位教学
- CBM：全称 Curriculum-Based Measurement，课程本位测量
- COTA：全称 Certified Occupational Therapy Assistant，认证作业治疗师助理
- CST：全称 Child Study Team，儿童学习支持团队
- DS：全称 Down Syndrome，唐氏综合征
- EBD：全称 Emotional Behavioral Disturbance (or disorder)，情绪行为紊乱（或障碍）
- ED：全称 Emotional Disturbance，情绪障碍
- ELL：全称 English Language Learner，英语学习者
- ESL：全称 English as a Second Language，英语作为第二语言
- ESY：全称 Extended School Year，延长学年服务②
- FAPE：全称 Free Appropriate Public Education，免费、合适的公立教育
- FBA：全称 Functional Behavioral Assessment，功能性行为评估
- FERPA：全称 Family Educational Rights and Privacy Act，《家庭教育权和隐私权

---

① 译注：直译为"年度进步足够"，这是美国《不让一个孩子掉队法案》规定的一项教育标准，要求学校每年都要取得一定的进步，否则可能面临关闭风险。

② 译注：指超出平均学年时长的教育服务。

法案》

- FVA：全称 Functional Vision Assessment，功能性视觉评估
- HI：全称 Hearing Impaired，听力障碍
- ID：全称 Intellectual Disability，智力障碍
- IDEA：全称 Individuals with Disabilities Education Act，《残疾人教育法》
- IEP：全称 Individualized Education Program，个别化教育计划
- IFSP：全称 Individualized Family Service Plan，个别化家庭服务计划
- LD：全称 Learning Disability，学习障碍
- LRE：全称 Least Restrictive Environment，最少受限制环境
- MAPS：全称 Making Action Plans，"行动起来"计划①
- MTSS：全称 Multitiered Systems of Support，多级支持系统
- NCLB：全称 No Child Left Behind Act，《不让一个孩子掉队法案》
- ODD：全称 Oppositional Defiance Disorder，对立违抗障碍
- OI：全称 Orthopedic Impairment，肢体残障
- OHI：全称 Other Health Impairment，其他健康损害
- OT：全称 Occupational Therapist，作业治疗师
- PBIS：全称 Positive Behavioral Interventions and Supports，积极行为干预与支持
- PBS：全称 Positive Behavior Support，积极行为支持
- PECS：全称 Picture Exchange Communication System，图片交换沟通系统
- PLP：全称 Present Level of Performance，当前能力水平
- PT：全称 Physical Therapist，物理治疗师
- RTI：全称 Response To Intervention，干预反应模式
- SDI：全称 Specially Designed Instruction，特别指导
- SI：全称 Sensory Integration，感觉统合
- SLD：全称 Specific Learning Disability，特定学习障碍
- SLP：全称 Speech-Language Pathologist，言语语言病理学家
- TBI：全称 Traumatic Brain Injury，创伤性脑损伤
- UDL：全称 Universal Design for Learning，通用学习设计
- VI：全称 Visual Impairment，视力障碍

联邦认证的残障类别

你了解多少残障类别？联邦认证的残障类别共有 13 种。只要是接受特殊教育服务

---

① 译注：指帮助个体根据自己的需求和意愿规划个人生活的计划。

的学生，其正式认定的残障都包括在这13个类别之内。作为教育工作者，你在岗前培训中可能已经了解过这方面的信息，不过这些分类都是不断变化的。请记住，教育工作者在使用这些残障类别或这些标签来描述学生的时候应该非常谨慎。不过，对于教育工作者来说，了解学生怎样才能符合接受特殊教育服务的标准也很重要，所以我们将在下面几小节中对这些残障类别进行详细解释。

目前，联邦认证的13种残障类别包括：（1）孤独症；（2）盲聋症；（3）失聪；（4）情绪障碍；（5）听力障碍；（6）智力障碍（以前称作智力发育迟缓）；（7）多重障碍；（8）肢体残障；（9）其他健康损害；（10）特定学习障碍；（11）言语和语言障碍；（12）创伤性脑损伤；（13）视力障碍，包括失明。下面几小节将介绍2004年修订的《残疾人教育促进法》对上述残障的定义。不过，想要了解这些残障，最有用的办法就是认真听取残障人士的想法，因为这些标签是贴在他们身上的，倾听他们的心声，才能对这些残障了解得更为全面。因此，针对每一种残障类型，介绍完定义之后，还会附上这些残障人士的心里话。这些心里话并不一定代表整个群体的心声，有某种残障的某个人也不能代表这个群体的所有人。请注意，法律上的定义和这些个体自己使用的定义是有区别的。法律定义主要关注的是他们无法做什么或者有什么困难，但是他们自己更注重个体的天赋和能力，这是个很有意思的现象。

孤独症

法律上对孤独症的定义是：严重影响语言与非语言沟通以及社交互动，并对学习表现产生负面影响的一种发育障碍。一般来说，孤独症在3岁之前就有症状。孤独症常见特征包括：常有重复刻板行为，日常生活规律或者生活环境发生变化时会表现得非常抗拒，对感觉刺激表现出不同寻常的反应（IDEA 2004, 34 C.F.R. §300.8[c][1][i]）。

但是，带着这种残障生活的孤独症人士提供的描述却不太一样：

> 孤独症有好的方面，也有不好的方面，这完全取决于你怎么看待这些方面。例如，如果你过于投入地看着自己的脚，都没注意到红绿灯已经变了，那么高度集中的注意力就是一个问题。可是另一方面，处理比较细致的工作时，注意力高度集中就是一项重要技能。这种特质尤其适合从事自由职业和计算机相关工作。我肯定不会说孤独症全是好处，也不会说这仅仅是一种不同而已。我觉得，孤独症确实是削弱了我的能力。但是，这并不代表孤独症全是坏处，也并不代表我不想做我自己。（莫顿，2000）

还有一位孤独症人士是这样形容孤独症的："我认为孤独症是自然的奇迹，不是人类大脑出问题的悲剧。在很多情况下，孤独症还可能是一种尚未发现的天赋。"

(O'Neill, 1999, p. 14, as cited in Kluth, 2010, p. 3)。我们曾经遇到过一个人,他是这样说的:"我坚信,有没有孤独症不会让生活有什么不同。实际上,我们每个人都有各自的长处、短处,也有各自的难处。不要把我们看成需求一模一样的一群人,我们是不同的个体,在某些领域有自己的需求。"(罗宾,2010)

盲聋症

法律上对盲聋症的定义是:听力障碍和视力障碍并存(同时存在),共同导致患者在沟通以及其他发展和教育方面需要的支持非常特殊,专门为聋童或者盲童提供的特殊教育项目无法满足这些需要(IDEA 2004, 34 C. F. R. § 300.8[c][2])。

换句话说,患有盲聋症的学生既有听力障碍,又有视力障碍。全美接受特殊教育服务的学生中,盲聋症学生占比不足0.0001%(美国教育部,2011)。因此,绝大部分教育工作者可能没有机会为这类学生提供支持。很多盲聋症患者学着使用触觉符号,这是一种用手感觉的符号语言。

海伦·凯勒是盲聋症患者中最为知名的人物。她在自传《我的生活》(*The Story of My Life*, 1903)中清晰地描述了带着这个标签生活的感受。她说过这样一句话,从中可以看出她是如何与这个世界互动的:"这个世界上最美好的事情是看不见、摸不着的,而是必须用心去感受的。"(1903, p. 6)

失聪

法律上对失聪的定义是"影响儿童学习表现的严重听力损害,不管是否使用声音放大设备,失聪人士都难以处理语言信息"(IDEA 2004, 34 C. F. R. § 300.8[c][3])。一般来说,因为失聪接受特殊教育服务的学生都是使用手语。如果能有手语翻译的帮助,或者使用口头阅读的方法,或者学会读唇语、解读他人面部表情,这些学生就可以学习普通教育课程。

一位名叫梅维斯的聋人大学生分享了她的生活经历:

真的,每个周末,我都会骑着我那辆超棒的公路竞赛自行车和自行车俱乐部的一大群男人一起疾驰(有时在平地上能达到每小时60多公里)。俱乐部有500人,我是唯一的聋人。我还喜欢去射击场体验手枪射击,和人交流。(梅维斯,2007)

情绪障碍

情绪障碍在法律上的定义如下:

长时间呈现下列一种或多种特征并显著影响学生学习表现的状态:

a. 无法学习，排除智力、感觉或者健康因素；
b. 无法与老师、同学建立或维系满意的人际关系；
c. 在正常情况下表现出不恰当的行为或者情绪；
d. 经常性的难过沮丧或者情绪低落；
e. 因为个人问题或者学校问题常常表现出躯体症状或者恐惧情绪。（IDEA 2004，34 C.F.R. §300.8[c][4]）

接受特殊教育服务的学生中，有情绪障碍的占比8%（美国教育部，2011）。这种残障与学生的行为表现有关。符合这种残障类别的学生，其行为应该与同龄人有显著不同（Taylor, Smiley, & Richards, 2009）。克里有情绪障碍，他是这样描述自己的状况的：

别人对我说的话，有一半我都会误解成他们再也不想跟我做朋友了。他们凭什么要跟我做朋友呢？我不值得他们浪费时间，也不值得他们关爱。然后我就会跟他们生气，冲着他们发火。趁他们还没伤到我，我先伤害他们。实在太蠢了，我后来也意识到了，但也来不及了。（双相情感障碍以及其他精神障碍相关信息，未注明日期）

听力障碍

认定有听力障碍，意味着有"不符合失聪定义的、影响儿童学习表现的听力损害，不管是永久性的还是暂时性的"（IDEA 2004，34 C.F.R. §300.8[c][5]）。一般来说，有听力障碍的学生不一定使用手语，他们使用的是声音放大设备。有位名叫莎拉·简·汤普森的听障人士描述了她的生活体验：

我比较愿意这样解释听力障碍，别人说的话，你不一定就听不到，而是能听到类似于说话的声音，但是不大能搞清楚这些声音到底是什么。就有点像你们听力正常的人只是听到别人好像说了什么，但没听清，然后请人重复一遍一样，就类似这种感觉。只是对我来说，这种感觉出现得更频繁。这就是为什么我要用其他办法去搞清楚周围的状况。我读唇语，不过这也不是万全的办法。很多单词发音从唇语上看都是一样的，所以单凭唇语很难与人谈话。我常常要猜别人说了什么。我会努力捕捉一句话的绝大部分内容，然后想办法去自己填补信息空白。很多时候这种办法都能管用，可是有些时候不管用。时不时地，我会把一整句话都听差了，这时候我的大脑就会随便找些和那些音节发音差不多匹配的单词去填补空白，但是这些单词放在一起根本就没有意义。听力受损对我来说就是很正常的事。总有人问我听力受损是什么感觉，但我真的找不到理想的回答。（就像我问你）"听力没受损是什么感觉？"听见和听不见，这两种感觉有什么区别，我没有比较过，所以真的没法说。当然了，听力正常的人能听到更多东西，也能理解更多声音，但是那能代表什么呢？真的很难解释。这就是感知的问题。（威廉姆斯，2008）

智力障碍

根据法律规定，智力障碍指的是"在发育阶段表现出来、影响儿童学习表现的障碍，患者总体智力功能明显低于平均水平，同时存在适应行为障碍"（IDEA 2004，34 C. F. R. §300.8[c][6]）。2004年修订的《残疾人教育促进法》中使用的是"智力发育迟缓"这个术语，不过在2010年的《罗莎法案》（PL 111-256）中改成了智力障碍。但是，定义没有变化。还有一个比较常见的说法，叫"认知障碍"。全美接受特殊教育服务的学生中，有智力障碍的学生占比8.86%（美国教育部，2011）。有智力障碍的学生的能力水平各不相同。有些学生有语言，会写字，有些学生没有语言，也不会写字。不过，没有写字说话的能力，并不代表没有思想，也不代表没有与他人沟通的愿望。这些学生和所有学生一样，很希望与他人建立联系，如果能获得沟通工具，他们很愿意与其他学生互动，也愿意学习教学内容。

下面的叙述就来自一位认知障碍患者的视角：

我希望你能了解的是：我最大的问题不是神经功能失调。很多人认为我的问题源于教养不当，这也是误解。我妈妈其实很努力教我什么是恰当的社交行为，但是并不总是管用。有时候我就是想不起来那些社交规则。（胎儿酒精综合征[①]社区资源中心，2008）

智力障碍人士奥利·韦伯描述了自己的生活：

我常常是恶作剧的活靶子。要占我便宜很容易。总有人叫我弱智……

但是我还出去工作过呢——17年——我做过沙拉，做过三明治，还有汤，我还会洗盘子碗。你想得到的，我都干过。有一次我去干活儿，老板说："我不打算让你做沙拉了。"我说："为什么？"他说："因为你不认字。"我说："那有什么关系，我会做沙拉，还会做三明治。"我说："不认字有他妈的什么关系。"早就该把"弱智"那个可悲的词扔"垃圾堆"了。如果说了解一个人，应该以他的名字和成就而不是以残障为参考，那我就和你们没什么不一样。我和你们一样。我有自己的名字，我希望你们用这个名字称呼我。我的名字叫奥利·梅·韦伯。（Schalock & Braddock，2002，pp. 55–57）

[①] 译注：胎儿酒精综合征（Fetal Alcohol Syndrome，FAS），一种高度多变的先天性缺陷群，包括智力障碍、生长不良以及头骨和面部畸形等，往往出现在孕期大量饮酒的妇女的后代身上。

多重障碍

法律上对多重障碍的定义是多种障碍并存（比如智力障碍与失明并存、智力障碍与肢体残障并存），共同导致患者在教育方面需要的支持非常特殊，单为其中某一种障碍提供的特殊教育环境无法满足这些需求。多重障碍不包括盲聋症（IDEA 2004, 34 C.F.R. §300.8[c][7]）。全美接受特殊教育服务的学生中，有多重障碍的学生大概占比2%（美国教育部，2011）。因此，从数据上看，你也不太可能和这样的人打过交道。

肢体障碍

肢体残障指的是影响学生学习表现的严重身体障碍，包括先天性缺陷（比如内翻足、部分肢体缺失）、疾病（比如脊髓灰质炎、骨结核）以及其他原因（脑瘫、截肢，骨折或导致挛缩的烧伤；IDEA 2004, 34 C.F.R. §300.8[c][8]）引发的残障。安吉拉·加贝尔是一名高中生，患有脑瘫，平时坐轮椅，她是这样描述自己和自己的高中生活的：

> 我觉得你看见我的时候首先就会注意到我是个相当积极又开朗的人。我喜欢听音乐、骑马，还喜欢画画。我上小学的时候有几个好朋友，我喜欢跟大家玩一样的游戏，但是老师们总是担心我身体太弱了，会把自己弄伤。(加贝尔，2006, P.35)

其他健康损害

根据法律定义，其他健康损害指的是因体力、精力不足或者对环境刺激的反应不够敏感，导致在教育环境中的反应也不够敏感，这种状况：

> (a) 源于慢性或急性健康问题，比如哮喘、注意缺陷障碍或注意缺陷多动障碍、糖尿病、癫痫、心脏病、血友病、铅中毒、白血病、肾炎、风湿热和镰状型细胞贫血；(b) 影响儿童的学习表现。(IDEA 2004, 34 C.F.R. §300.8[c][9])

这种损害包括注意缺陷多动障碍。患有注意缺陷多动障碍的学生很难保持专注，难以判断什么时候应该放慢速度，也很难有条理地安排自己的时间以便完成任务（美国精神医学学会，2013）。很显然，并不是只要有上述障碍的其中一种就肯定能获得特殊教育服务，但是如果这种状况得到医疗专业人员的确诊，并且影响了学生的学习表现（如果学生需要额外的支持），那么他（她）就可能符合标准。

乔纳森·穆尼是一位作家、演讲家，患有注意缺陷多动障碍以及阅读障碍，他是这样解释自己的残障状况的：

我的注意力跟小蚊子的注意力在时间上差不多长。要是非得让我坐在桌子前面，我就会走神儿，还会开始踢来踢去的。大家就会说我不专心。可要是让我站起来，你看我还走神儿吗？你看我还到处乱踢吗？这时候，我还有残障吗？一点都没有。（穆尼，2008）

特定学习障碍

法律上对特定学习障碍的定义是：在理解或者使用口语或书面语所涉及的某个或多个基本心理过程中存在障碍。特定学习障碍可能表现为在听讲、思考、说话、阅读、写字、拼读或者算数方面能力不足。这种障碍包括知觉障碍、脑损伤、轻度脑功能障碍、阅读障碍、计算障碍和发展性失语症，但不包括主要由下列因素导致的学习困难：视力障碍、听力障碍或者运动障碍；智力障碍；情绪障碍；或者环境、文化或经济方面的不利因素（IDEA 2004, 34 C.F.R. §300.8[c][10]）。

残障学生中有将近一半的学生属于这种情况。这种残障是最常见的。因此，你极有可能与有特定学习障碍的学生打过交道。

凯特琳·诺拉·卡拉汉写过一篇关于自己学习障碍的文章，在这篇文章中，她给大家的建议是：

我认为，关键是要明白，我们有学习者和学生两个身份，对这个双重身份，我们要有自己的定义。学习者，指的是付出努力去求知、去参与、去积极进取的人。但不是所有的知识都是学校教的。贴上残障标签的是学生这个身份。而"学习障碍"这个标签不应该湮灭一个人获取知识的愿望。作为学习者的你一定要阻止这种事情的发生。（卡拉汉，1997）

言语和语言障碍

根据法律定义，言语和语言障碍指的是口吃、构音障碍、语言障碍或发声障碍等影响学生学习表现的沟通障碍（IDEA 2004, 34 C.F.R. §300.8[c][11]）。

这是第二常见的残障类别。全美接受特殊教育服务的学生中大概有20%的学生属于这种情况（美国教育部，2011）。这样的学生的残障程度各不相同。有些接受言语和语言服务的学生在构音方面有困难，或者说话不流利（比如口吃）。还有些学生可能完全没有语言。

下面这个故事的主人公小时候没有语言，但是后来学会了使用沟通系统与人交流。从这个故事可以看出，没有一种可靠的说话方式会让人多抓狂：

我知道吃一辈子土豆是什么滋味。不管怎么说，土豆是一种很好的日常食物，而且还容易料理，做法也多。但我讨厌土豆！但是以前除了我自己谁知道？我喜欢薄荷绿、柠檬黄和粉色，但他们给我穿一身大红大绿，那是什么感觉，我知道。我说真的，"没法跟人交流"那种感觉，你能想象吗？有一天晚上，妈妈发现我在床上缩成一团，疼得直哭。但我没法给她解释哪里疼、有多疼。于是，她尽了最大的努力给我做了一番检查，觉得我是因为便秘肚子疼。当然了，治便秘最快的办法就是灌肠了。但是一点用都没有啊，因为我是耳朵疼啊！（Paul-Brown & Diggs, 1993, p.8）

创伤性脑损伤

法律上对创伤性脑损伤的定义是：因外力引起、导致全部或部分功能障碍或/和社会心理障碍、影响学生学习表现的后天脑损伤。这种残障也包括导致一个或多个大脑区域受损的开放性或闭合性头部损伤，这些区域与下列功能有关：认知、语言、记忆、注意力、推理能力、抽象思维、判断能力、解决问题的能力、感觉、知觉以及运动能力、社会心理行为、身体功能、信息加工能力、语言能力。这种障碍不包括先天性、退行性脑损伤或者因出生创伤引起的脑损伤（IDEA 2004, 34 C.F.R. §300.8[c][12]）。

这种残障与其他残障不同，因为这是后天形成的（比如遭遇车祸或者头部遭到撞击）。这种状况不是天生的，而是后来生活中发生的。对于后天发生的残障，如何调整自己、从感情上接受这种状况，不仅是学生的问题，也是家长、监护人、老师、治疗师以及其他教育团队成员的问题。

有个十几岁的孩子，得了创伤性脑损伤，下面是她对自己新生活的思考：

脑损伤之后，我昏迷了三个月，又康复了好几年，这一切对我来说都是模模糊糊的。后来，又过了两年，我慢慢地苏醒过来，对周围的环境有了意识，对自己有了意识，对自己的残障状况也有了意识，其中一个状况就是我再也不能唱歌了，因为我现在有严重的语言障碍。（帕克，2008）

视力障碍，包括失明

根据法律定义，视力障碍指的是即使经过矫正也会影响学生学习表现的视力损害。这种障碍包括仅剩部分视力和失明的情况（IDEA 2004, 34 C.F.R. §300.8[c][13]）。

视力障碍的类型或者严重程度不同，针对此类残障提供的特殊教育服务也有所不同。有些视力障碍学生使用放大镜和大字文本；没有视力的学生接受移动训练（或者学习如何在自己所处环境中行走），学习如何阅读盲文，还会学习如何使用屏幕阅读器和语音技术等辅助技术。以下是视力障碍患者、12岁男孩山姆的观点："如果可以，我会改变我的视力吗？不会，视力障碍就是我的一部分，我棒极了！当然了，因为这个障碍，我少了一些视力，但我学了更多的技术。我为我自己骄傲，也为我所取得的成绩骄傲。"

不同类型残障学生数量分布情况

不同类型的残障分别都有多少学生呢？图 3.2 的饼图是 6~21 岁接受特殊教育服务的各类残障学生所占百分比。如图所示，占比较高（或最常见）的残障是学习障碍、言语和语言障碍、智力障碍以及其他健康损害，其他类型的障碍占比较低（或不太常见）。

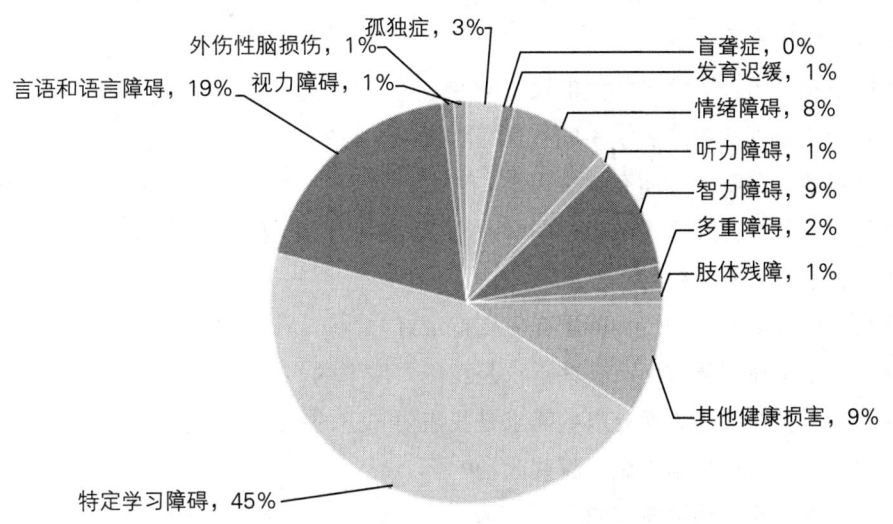

图 3.2　残障学生的百分比分布

来源：Data Accountability Center，未注明日期。

现在你已经通读了这些残障的定义，我们要再次重申一下，了解这些定义非常重要。不过，请记住，这只是全面了解一名学生的（极小的）一步。第四章将要讨论的主要内容是我们应该如何看待学生，涉及个体残障的内容很少。

有关特殊教育的常见问题

问：我是一名普校教师，我觉得自己对某位学生了解得不够，想要知道更多具体信息，应该怎么办呢？

答：先看看学生的个别化教育计划，和学生聊聊，然后再和家长见个面，看看他们了解多少，是否专业。了解学生，还可以从了解他（她）的好恶、兴趣以及难处入手。围绕下面这些问题聊聊，可能会有帮助：

- 你希望我了解你哪些方面？
- 你喜欢学校的哪些地方？
- 你不喜欢学校的哪些地方？
- 不在学校的时候你都喜欢做什么？
- 给我讲讲你的朋友好吗？

- 你希望得到什么样的支持？
- 你希望我能为你做些什么？
- 你不希望我做什么？

你还可以跟之前教过这个学生的老师谈谈，了解他的长处和需求。下面这些问题很有用：

- 最能调动这名学生积极性的是什么？
- 这名学生喜欢什么？
- 能跟我介绍一下这名学生的朋友吗？
- 我们应该怎样为这名学生的社交需求提供支持？
- 这名学生在学业方面有什么需求？
- 我们以什么方式为这名学生的学业需求提供支持最好？
- 这名学生有问题行为吗？
- 我们以什么方式为行为问题提供支持最好？
- 这名学生在感觉方面有哪些需求是我需要注意的？
- 这名学生在沟通方面有哪些需求是我需要知道的？
- 我们需要为这名学生做出哪些改动？
- 这名学生使用辅助技术吗？
- 关于这名学生，我还需要了解什么？

问：我有一名残障学生，但我从来没听说过这种残障。我应该到哪里接受更多培训，以便了解应该如何更好地和他（她）打交道呢？

答：这个问题问得好。先去找学校负责特殊教育的领导。可以写邮件、打电话或者写信给学校管理层，沟通要点如下：

- 明确你所需要的培训类型。例如，可以这样说："就目前这个情况，我需要了解应该怎么和患有脆性X染色体综合征①的学生打交道。"
- 问问领导他们是否知道有什么培训可以参加，有没有针对残障培训的会议，或者问问学校是否可以聘请专业人员来加入教学团队。
- 特别是要了解有没有关于教学策略、合理便利、调整改动、差异教学等方面的培训。
- 问问是否可以和负责特殊教育的领导以及特教团队的其他成员一起讨论问题、集思广益，以便找到一些办法，让学生在校期间全面参与社交互动和学习活动，实现有意义的融合。

---

① 编注：脆性X染色体综合征（Fragile X Syndrome，FXS），一种由X染色体上的基因突变引起的遗传性发育障碍，具体临床表现为智力低下、语言障碍和行为障碍等。

问：我班上有一名学生有糖尿病，但却没有纳入特殊教育服务范畴，可能是什么原因呢？

答：只有糖尿病的症状达到"影响学生学习表现"的程度，才有可能纳入"其他健康损害"的范畴，患病学生才可以获得个别化教育计划（IDEA 2004, 34 C.F.R. §300.8[c][9]）。如果这个病情在校外已经得到妥善处理，不会导致学生身体虚弱或者疲乏，也不会影响学生的学习和表现，那么学生就不需要个别化教育计划。不过，这种情况可以适用 1973 年《康复法案》提出的 504 计划和 1990 年《美国残疾人法案》（PL 101-336），学生有某种残障，需要学校提供合理便利或者做出调整才能参加学校活动，但又不符合 2004 年修订的《残疾人教育促进法》规定的特殊教育或相关服务资格标准。如果认知障碍或者肢体残障非常明显，影响了重要的生活活动（比如视物、听音、走路、呼吸），那么根据 504 计划，学生就可以获得支持与服务。如果这种健康问题所需的服务对学生的学习有影响，那么就需要为其制订个别化教育计划。

问：我的班上有一名学生有唐氏综合征。我们学区正在全面推行融合教育。我教的是六年级的英语课（English Language Arts①），可是这名学生只有二年级的阅读水平，我该怎么在六年级的课堂上实现融合呢？

答：不要把课程单元设计成一次课讲一篇课文的形式，也不要从一个系列教材里挑选课文，而是围绕某一种类型的主题设计课程。根据这个主题找适合不同阅读水平的课文。这样就可以通过不同类型的课文让所有学生都能参与讨论，学到有关这个主题的东西。想要获得更多建议，请参考第六章。

本章小结

　　了解残障，对于了解特殊教育及相关服务这个更大的教育体系非常重要。不过，要真正了解某一位学生，唯一的方法就是去了解那些有残障生活经历的人。此外，要了解某个人的长处、兴趣、才能和需求，最好的方法就是与其建立真正的连接。研读联邦法中 13 种残障的定义，只是了解学生的第一步。

　　本章介绍了特殊教育的基本概念，现在我们可以开始这项快乐的工作了——帮助你了解这些学生，帮助他们得到最好的教育。第四章主要内容包括：教育假设素养②、努力了解学生、换一个角度看待残障学生。

---

① 编注：English Language Arts, ELA，是指专为英语母语者提供的英语课。

② 译注：教育假设素养（presuming competence），沿用《现代特殊教育》2023 年 456 期《略论特殊教育文化意识的转向》一文中的翻译，意指教育者在教给学习者某些知识或技能前，应该相信他们有能力、能学习。

第四章

换一个角度看待学生
教育假设素养

最合适的称呼其实是人家父母给起的名字。

"我是一名普校教师，在我的教学生涯中，一直都有和轻度残障学生打交道的经历，直到今年才第一次接触比较重度的，这个学生使用辅助沟通设备与人对话交流、学习教学内容。这对我来说是从来没见过的事情。我首先意识到的，是这名学生很有学习能力。去年我在学校走廊看见过他，那个时候我从来没想过他很聪明。我的第一步就是搞清楚他有多聪明，然后发挥他的聪明才智。"

——莉娜（普校教师）

"我带过一些特殊需要学生，我常常觉得自己的任务就是帮助其他老师看到这些学生的长处。我总是问别人'能不能让我学生去你班上融合啊'，有时候我觉得自己好像是在推销什么东西。大笑着说，乔很棒的，他喜欢玩电子游戏，他可有意思了。让他（去你班上跟其他学生一起）上科学课吧。拜托！"

——凯西（特教老师）

"每当我接触某个孩子的时候，内心都会激发两种情绪：对眼前的他，我温柔相待；对未来的他，我心怀尊重。"

——路易·巴斯德（巴斯德研究所，未注明日期）

本章将要讨论的是换一个角度看待学生。换一个角度看待学生，需要去了解学生，然后思考自己应该如何看待、对待、教育和支持学生。首先要讨论的是如何借助学生的长处和不同方面的才能向别人介绍这些学生。之后介绍的是"教育假设素养"这一概念，以及如何使用适合听众年龄、以人为本的语言。

如何介绍学生

肖恩特·斯竹莉今年22岁，有自己的住所，和室友一起住，在科罗拉多州立大学上学，还在学校做志愿者。春假期间她会出去旅行，开着自己的车到处走。她有自己的兴趣、爱好和愿望，有男朋友，对自己关心的问题直言不讳。

肖恩特·斯竹莉今年22岁，患有严重/重度智力障碍、听力障碍、视力障碍、脑瘫，还有癫痫，不会咀嚼食物（有时会噎住），不会用卫生间，没有语言交流，没有可靠的沟通体系，智力发育年龄相当于17~24个月。

(*Strully & Strully*, 1996, pp. 144-145)

上面这两段话是不同的人说的，描述的都是肖恩特·斯竹莉，但却有天壤之别。第一段话是她父母说的，第二段话是她老师说的，尽管不是教育团队的所有人都会这样描述肖恩特，但这段话确实来自她的团队。把两段话放在一起，真是触目惊心。如此鲜明的对比，引出了一个问题：同一个人，让不同的人来描述，怎么会出现如此巨大的差异呢？

最主要的原因是不同的人关注的东西是不同的，他们看待肖恩特的角度也是不同的。肖恩特的父母对孩子非常了解。他们花了很多的时间陪伴她，非常了解她，觉得她是一个兴趣广泛、能力出众的人。他们介绍孩子的时候提到了她的兴趣、天赋和才能。相反，从老师们对肖恩特的描述中可以看出他们对她的了解并不深入，那段话冷冰冰的，说的基本都是她的残障状况，就像一份诊断书。

作为与残障学生打交道的教育工作者，你可能会经常听到这种残障为主的描述，甚至可能自己就写过这样的东西，也有可能你能从天赋的角度去看待学生。不管你是什么样的风格，花点心思，通过学生的长处、天赋和才能去了解学生都是有帮助的。你可能看过某位学生的个别化教育计划，里面可能全是"心理年龄只有2岁""恐惧症""有攻击性"等字眼。看着这些描述的时候，你要意识到这只是学生的一个侧面。你要自己去了解学生，与他（她）建立真正的连接，努力去了解他（她）能做些什么。如果你对学生的描述更像是站在肖恩特父母的角度，而不是老师的角度，那就是比较理想的情况。做个学生闪光点小档案（见图4.1），以人为本、着眼长处，深入了解这个学生。

"我喜欢玩乐高。我喜欢玩《我的世界》游戏。我喜欢看《星球大战》。我喜欢他们用有意思的方式上课，不是干巴巴地讲。多给我们分组，让我们搭档吧。我喜欢老师给我们选搭档，不用我们自己选，因为我们认识的人不多。我希望老师了解我更多！"

——阿莉娅（中学生）

"我不是一大堆需要治疗的缺陷。"

——杰米（雪城大学在读，有孤独症）

从长处开始介绍

我们曾经和一个教师团队一起工作过，他们负责的是一名接受融合教育的残障学生，名叫迈卡，我们请他们介绍一下迈卡。他们的形容是这样的：迈卡很讨人喜欢，有点固执、不太经得起挫折，天生的好嗓子，患有脑瘫。这些描述反映了整个团队对这名学生的看法。想想自己教过的学生。提到这个学生的时候，最先想到的10个词是什么，拿张纸，写下来。仔细看看自己写的这些词。这些词是正面的，还是负面的，还是两种都有？

学生闪光点小档案

长处、爱好、才能：

讨厌的东西：

沟通：

行为：

学业表现：

各个领域具体表现：

社交信息：

特别关注：

其他相关信息：

图 4.1　学生闪光点小档案（共 1 页，第 1 页）

摘自朱莉·考斯顿与切尔西·P. 特雷西-布朗森合著《融合教育教师手册》

Copyright 2015 by Paul H. Brookes Publishing Co., Inc. All rights reserved.

你对学生的看法会影响你对他的教育、支持方式以及与他的相处方式。例如，你觉得学生懒散或者不听话，觉得学生很积极或者愿意合作，两种看法之下你对待他（她）的方式肯定是不一样的。花点时间，换个角度看待他们，你可能会转变自己对他们的看法。以积极的态度重塑自己对学生的看法，就会创造更多的机会，让他们成长进步，也让你们的关系更加深入。

教育研究者托马斯·阿姆斯特朗（Thomas Armstrong）（2000a，2000b）曾经将多元智能理论（Multiple Intelligences Theory）应用于课堂教学，我们可以了解一下他所做的研究。他建议教育专业人员要有意识地反思自己描述学生的方式。措辞改变了，印象就可能发生改变。阿姆斯特朗强调所有的行为都是人类经验的一部分，行为的背后是多方面影响的结果（比如环境、安全感、个人幸福感）。他提出，不要总想着学生没有学习能力，换一个角度看，就会发现学生不是没有学习能力，只是学习的方式不同。表4.1就如何描述学生给出了更多建议。

表4.1　点石成金

负面的评价用词	换个角度
没有学习能力	学习方式不同
多动	需要动
冲动	反应快
ADD/ADHD	需要一边动一边学
阅读障碍	通过图像学习
有攻击性	果断
磨蹭	仔细
懒散	松弛
不成熟	晚熟
胆小	谨慎
注意力涣散	思维活跃
胡思乱想	想象力丰富
爱发脾气	敏感
执拗	有毅力

摘自 *In Their Own Way: Discovering and Encouraging Your Child's Multiple Intelligences*, Revised and Updated Edition by Thomas Armstrong, Copyright 1987, 2000 by Thomas Armstrong. Tarcher, an imprint of Penguin Publishing Group, a division of Penguin Random House LLC 授权使用。

如果所有的教育工作者都能改变自己对学生的看法和说法，会怎么样呢？如果每一位学生都被看作是有能力的学习者，又会怎么样？重新看待自己支持的学生，最好的办法就是通过他们的长处去看待他们。问问自己下面这些问题："这名学生能做什么？""这个人有哪些才能？""这个人有哪些长处？""深爱孩子的父母会如何形容这个孩子呢？"现在回头看看自己写的那些词，花点时间再写一份全是长处、天赋、兴趣的清单。

有位普通教育工作者苏西就这么做了，那是在一个专业发展活动中，参加活动的有普校教师、特教老师、治疗师和助理教师。她先是列出了一些形容词。然后，换了一个角度看待学生之后，她又重写了一份，和之前完全不同。最开始的时候，她是这样形容自己学生布莱恩的：懒散、聪明、鬼头鬼脑的、爱撒谎，还挺可爱，（有时候）有点刻薄。讨论如何换个角度看待学生之后，她又拿了一张纸重写，这次写的是：轻松、聪明、可爱、数学好，在同伴关系中需要一些支持，幽默感很强，笑起来很好看。我们问苏西新写的这些形容词是否还能准确描述这个孩子。她回答说第二次写得要准确得多，而第一次写的那些词更多是源于她自己的挫败感。更为重要的是，第二次写的词有助于苏西思考如何更好地教育布莱恩。

> "我希望，未来的和在职的特殊教育教师都能知道，我期待并需要他们拿出专业精神、拿出真正的热情去了解这些学生的需求，他们每天都在帮助这些学生学习，也每天都从他们身上学习。仅仅把理论掌握得滚瓜烂熟是不够的。要看到这个孩子的全部，这样才能明白他们作为人、作为学生的挣扎与痛苦，这一点至关重要。"
>
> ——特薇拉（接受融合教育的残障孩子的家长）

多元智能

有的人聪明，有的人笨，这是教育领域极为常见的误解。人们经常用"智力""功能水平""学习潜能"以及"能力"这些词来描述一个人"聪不聪明"。在教育领域，最能反映这种观念的做法就是给人贴上残障标签。很明显的一个例子就是智商测试。给学生测智商，如果测出来的结果低于 70，再加上其他功能性技能方面的问题，就可以给这个学生贴上"智力障碍"的标签。心理学家和教育专家定义了智力的概念，但是霍华德·加德纳（Howard Gardner, 1993）对此提出了质疑，并且提议以不同的方式看待智力。他提出了"多元智能"这个概念。

加德纳将"多元智能"之中的每一种智能都看作是人类大脑与生俱来的、在社交情境和文化氛围中得以发展和表现的能力。加德纳没有把智力看作是能力测试中的一个固定数值，他认为，每个人，不管有没有残障，都有自己的聪明之处，只是表现方面各不相同。表 4.2 列出了八种智能。我们在表中加了一列，名为"可以据此开展的教学活动"，意思是这些方式可以帮助你重新看待自己的学生，更好地开展教学活动。如果你教的学生喜欢某个智能领域的内容，或者在某个领域非常出色，那就可以考虑表中建议的活动和教学风格。

表 4.2　如何利用多元智能开展教学活动

智能类型	代表什么	可以据此开展的教学活动
言语/语言智能	擅长词语和语言，包括书面语和口语	笑话、演讲、阅读、故事、散文、互联网、书籍、传记、写作、辩论、电子邮件、通讯、诗歌
数理逻辑智能	喜欢逻辑推理、数字、模式规律	迷宫、谜语、时间线、类比、公式、计算、代码、游戏、概率、解决问题、测量、逻辑游戏、电子表格
视觉空间智能	能够将实物以图像或图形的形式呈现出来或者在脑海中形成图像	马赛克、图纸、插画、模型、地图、视频、海报、图形、摄影、拼图、视觉化呈现方式、使用思维整理工具、类比
身体运动智能	了解或明白自己的身体和运动	角色扮演、小品、面部表情、实验、实地考察、运动、游戏、活动、移动、合作小组、舞蹈
音乐韵律智能	能够辨别音调韵律，对节奏或者节拍很敏感	表演、歌曲、乐器、节奏、作曲、旋律、说唱、歌谣、合唱、哼唱、背景音乐、唱歌、唱诵
人际沟通智能	擅长人际互动、处理人际关系	小组项目、小组任务、对话、交谈、辩论、游戏、采访
自我认识智能	了解自身状态；能够反思，有自我意识	日记、冥想、自我评估、录音、创造性表达、设定目标、声明、诗歌
自然观察智能	了解外面的世界（比如植物、动物、天气变化规律）	实地考察、观察、自然漫步、天气预报、观星、钓鱼、探索、分类、收集、鉴定、户外阅读、观云、使用显微镜、解剖

来源：Armstrong（2000a，2000b）；Gardner（1993）。

教育假设素养

在学校环境中，对学生的预设会影响他们的学习表现。就拿苏·罗宾举个例子吧。

苏有孤独症，13 岁之前一直都没有找到适合她的沟通方式。那个时候，她的个别化教育计划显示她的心理年龄只有 2 岁。心理年龄通常是根据智商测试的结果来判断的。例如，一名 14 岁女孩的智商测试结果相当于一名"典型"或者"普通"3 岁孩子的测试结果，那么就可以判断她的心理年龄是 3 岁。用这个方法来看待智力并没有什么用，因为这个结果常常不能准确描述学生的技能水平。后来苏找到了适合她的沟通方式，长期以来对她的各种预设就没有根据了。人们开始意识到她其实很聪明。之后，在整个高中阶段，她一直都在学习大学先修课程，2013 年大学毕业（Biklen，2005；Rubin，2003；Rubin，2014）。

教育专业人员可能没法准确判断学生到底理解了多少东西，所以应该假设每一位学生都是有能力的。唐纳伦（Donnellan）用了"至微危险假设（least dangerous assumption）"这个术语来说明这种理念："至微危险假设，指的是在没有确凿证据的情况下，我们做出假设的时候应该遵循这样的原则，如果将来能有证据证明这个假设不为真，那么现在就应该选择一个对人危害最小的假设。"[①]（1984，p.24）换句话说，我们应该假设学生是有能力的，可以学习的，而不是预设他们没有学习能力。

比克伦（Biklen）和伯克（Burke）（2006）提出了教育假设素养的理念，他们解释说外部观察者（比如治疗师、教师、家长、助理教师）是可以选择的：他们可以自主判断一个人是有能力的还是没有能力的。假设一个人有能力，就是认同这样的观点：没有人能够确切知道另一个人的想法，除非对方能够（准确地）明示这种想法。正如比克伦和伯克所说："假设一个人有能力，就不会限制可能性……这种假设让教师、家长以及其他人承担起这样的任务：找到办法为这个人提供支持，让他（她）证明自己的能动性。"（2006，p.167）图 4.2 列出了提高教育假设素养的策略。另外，鉴于没有语言的学生给教育工作者带来了特殊挑战，我们又加上了图 4.3，就如何为不使用口语交流的学生提供支持给出了建议。

[①] 译注：此处采用了《现代特殊教育》2023 年 456 期《略论特殊教育文化意识的转向》一文中的翻译。

- 检视自己的态度——练习说"怎么才能让这个起作用呢?""怎么才能让这个孩子学会呢?"
- 要知道,一个人长得什么样、走路什么样、说话什么样并不能代表他(她)的思想和情感——问问自己有没有这样的成见。
- 使用适合学生年龄的语言——注意自己的语气和话题。
- 辅助学生沟通。
- 以开明的态度倾听——尽量不武断、不臆断。
- 学生的有些行为可能令人困惑,教会他(她)的同学以及其他人如何解读这些行为。
- 学生在场的时候,说话要注意,不要当他(她)不存在。
- 在谈话中可以提到他(她)的名字,让他(她)有参与感。
- 想要向他人透露有关学生的信息,需要征得其同意。
- 保持谦卑之心。
- 碰到需要解释的事情,如果可能,尽量让学生自己解释,不要包办代替。
- 要相信,如果学生能够学习适合其年龄的课程,就一定会有所收获。
- 努力寻找学生理解所学东西的迹象。
- 支持学生利用自己的长处来表明自己理解了所学东西。
- 做出适当调整、提供合理便利,让学生获得学习机会。
- 一定不要忽略残障人士的存在,要像尊重其他普通人那样尊重他们。
- "如果你想看到他们的能力,那就努力去寻找他们有能力的迹象,这样会有帮助。"

图 4.2 提高教育假设素养的策略

摘自 Kasa-Hendrickson, C., and Buswell, W. [2007], *Strategies for presuming competence.* 未公开发表的资料,经许可改编。

尊重学生，人文精神是前提

- 学生在场的时候，说话要注意，永远不要当他（她）不存在。永远不要忽略残障人士的存在，要保证他们在场的时候你是抱着尊重的态度去沟通的。
- 有些人可能无法表达自己理解了你说的话或者理解了他们听到的话，要假定他们在听你说话，并且理解你所说的话。
- 要知道一个人长得什么样、走路什么样、说话什么样并不能代表他（她）的思想和情感——问问自己有没有这样的成见。
- 学生坐轮椅、有口吃、总拍手，或者不跟别人进行眼神交流，并不代表他（她）不能学习难度较高的课程，也不代表他（她）不想交朋友、不想独立表达自己的想法。努力创造机会。
- 在谈话中可以提到他（她）的名字，让他（她）有参与感。例如，梅菲尔德老师给学生们讲《哗啦啦》这本书的时候说道："玛雅，你会喜欢这本书的——书里讲的都是关于游泳的。"玛雅是班上的一名学生，她不会讲话。梅菲尔德老师在全班面前说玛雅会喜欢这本书，其实是在告诉大家玛雅的兴趣、想法和其他同学一样。在这个过程中，玛雅不必做出什么反应，也不用说什么，大家单从老师的公开认可中就能看到她积极参与课堂活动，也能看到她的能力。
- 想要向他人透露有关学生的信息，需要征得其同意。残障学生没有隐私，这种事太常见了。一定要注意不要向他人透露学生在如厕、性、健康、家庭方面的信息，也不要对别人谈及曾经让他（她）难堪的事情和/或关系。先征询他（她）的意见，在隐私方面永远要谨慎小心。

坚持着眼长处

- 保持乐观态度。练习说"怎么才能让这个起作用呢？""怎么才能让这个孩子学会呢？"
- 与学生家人合作，发现学生的长处，设计合适的方法，利用这些特长推动学生进入普通教育课堂融合。
- 指导学生发现和利用自己的特长。
- 进展不太顺利的时候，列出学生的长处，以及有利于你投入行动的方法，开始着手解决问题（参考 http://www.paulakluth.com/readings/inclusive-schooling/strengths-and-strategies/）。

适合学生年龄的谈吐和材料

- 说话的方式要适合学生的年龄，内容也要适合学生的年龄。不要像唱歌一样，也不要像跟小孩说话那样，那是对待小宝宝和学龄前孩子的方式。一定要注意自己说话的语气和内容。
- 作为老师，一定不要忽略残障人士的存在，要像对待其他普通学生那样对待他们。
- 允许学生犯错误、出状况，允许学生因为情绪失控出现行为不当。要保证他们有机会在没有成年人介入的情况下与同龄人交谈和玩耍。

学着跟不使用口语交流的人对话

- 教学过程中一定不要忽略不使用口语交流的学生。一节课从头到尾对他们只字不提是不对的，可以说："肖恩，你肯定喜欢这部分。我知道你喜欢和家里人一起滑雪。"还可以说："梅根，我看见你笑了。我觉得你肯定喜欢学火山这部分内容。"
- 抓住一切机会，教其他学生如何与沟通方式和我们不一样的人交流。聊聊身边发生的事，聊聊适合学生年龄的兴趣爱好，还可以聊聊你喜欢做的事情、喜欢去的地方、喜欢参加的校园活动；还可以使用他们自己的沟通方式，让他们在校期间能有更多机会去选择自己想要的东西：吃什么东西、用什么材料、坐哪个座位、看哪一本书、玩什么游戏。各种各样的话题，都可以问问他们的看法。

经常高效使用不同的沟通方法

- 如果学生是通过说"是/不是"来沟通的，教师在课堂上就应该用这种方法跟他（她）沟通。上大课的时候，可以这样说："5乘以5等于25，你们觉得对不对呀？"一对一的时候，可以这样说："故事里的哈利是不是个英雄呀？"通过这种方式，可以让学生使用自己习惯的"是/不是"的沟通方式，让他（她）也有机会参与课堂。如果学生没有答对，教师可以说："嗯，我觉得不太对，有没有同学有不同想法？"
- 如果学生用的是扩大性沟通系统，教师需要保证让他们上课期间都可以使用设备。要保证这个设备已经调试好了，和上课内容相匹配，这样学生才可以参与课堂。

教其他学生如何支持和理解令人困惑的行为

- 在课堂活动中发挥同伴的作用。给其他学生示范如何就某些话题展开讨论，并鼓励他们一起讨论。通过合作学习小组或者思考、结对、分享、轮流说这种同伴活动就可以做到这些（Udvari-Solner & Kluth, 2008）。
- 一定要让学生参与课堂学习活动。假定学生可以学习并且可以就课程内容提出问题。
- 学生的有些行为可能令人困惑，教会他（她）的同学以及其他人如何解读这些行为，并且互相帮助。

假定学生可以从学习中获益，努力寻找学生理解所学东西的迹象

- 要相信，如果学生能够学习适合其年龄的课程，就一定会有所收获。
- 努力寻找学生理解所学东西的迹象。有些时候、在某些事情上就能发现这些迹象。
- 支持学生利用自己的长处来表明自己理解了所学东西。
- 做出适当调整、提供合理便利，让学生获得学习机会。

图 4.3　如何支持不使用口语交流的学生积极参与学校活动。

摘自 Kasa, C., & Causton-Theoharis, J.（未注明日期），*Strategies for success: Creating inclusive classrooms that work*（pp. 16-17）. Pittsburgh, PA: The PEAL Center，授权转载。检索来源：http://wsm.ezsitedesigner.com/share/scrapbook/47/472535/PEAL-S4Success_20pg_web_version.pdf

适合学生年龄的语言

很多人都觉得残障人士发育水平比较低,所以倾向于用一种对待小孩子的态度对待残障人士(就好像他们比实际年龄小很多一样)。例如,我们听过有人这样问一名高中生:"你要去洗手手吗?"[①] 一名高中生,如果没有残障,你肯定不会这样跟他(她)说话,也不会用这样的词。我们还听过有人提起一位患有唐氏综合征的大学生时说"真是个小可爱"。我们描述残障人士的时候应该使用适合其实际年龄的语言。

除了使用适合学生年龄的语言,教育工作者还应该以适合其年龄的方式对待他们。有一名九年级学生很喜欢《朵拉历险记》,上英语课的时候从头到尾都在说里面的角色,教师团队正在想办法解决这个问题。老师们和其他九年级的女孩开了一个"午餐会",会上讨论了适合她们年龄的音乐、电影和电视。之后让这名学生接触了适合其年龄的流行文化,帮助她把兴趣从朵拉转向更加适合的话题。

> "不能说话和没有话说不一样。"
> ——罗斯玛丽·克罗斯利(Rosemary Crossley)

关于沟通的特别说明:所有有沟通困难的学生都应该配备辅助沟通系统,这样他们就可以表达自己的想法、情绪、思想、不满和要求。辅助沟通系统可能包括手语、扩大性沟通设备、帮助他们学习打字或者指物沟通的方法,还有/或者通过眼神或眨眼表示选择的方式。虽说得到辅助沟通系统是所有学生的权利,但是实际上有很多学生没有表达自己想法的途径。

不管学生有没有有效的沟通系统,下面这些方法都可以用于为他们提供支持。如果学生没有配备沟通系统,那么团队必须要做的就是咨询言语治疗师,他们能熟练地使用扩大性沟通系统,这种系统能够满足学生的个性化需求。

以人为先的语言

> "如果思想会腐蚀语言的话,语言也会腐蚀思想。"
> ——乔治·奥威尔(1981)

描述、提到、写到残障人士时,如果是抱着尊重的态度,很多人会用一种常见的

---

① 译注:原文直译为"你要用幼儿便盆吗?"意指上卫生间,在中文语境中幼儿便盆太不口语化了,所以改成比较口语化的说法。

措辞，我们将这种措辞称为"以人为先的语言"。"以人为先的语言"这一概念非常简单，接下来的章节会详细解释。

和别人一样

先想想你可能会如何介绍没有残障的人。你可能先说这个人的名字，再说说自己如何认识他（她）的，或者形容一下他（她）是什么样的人。那么介绍残障人士也应该是这样的，不要说："唐氏综合征学生皮特。"可以说："我学生皮特，四年级。"我们不应该仅以一个人的某方面特征来作为他（她）的身份标识，尤其是这个特征代表的还是他（她）的难处或者痛苦。问问自己，有什么必要提到人家有残障这一点。

语言是有力量的。我们谈及残障人士、描述残障人士的方式不但会影响我们的看法，也会影响我们与这些学生的互动。这对听到的人来说也是一种示范。

如果你自己的孩子摔断了胳膊，你会这样跟别人介绍他吗？"这是我摔断胳膊的孩子"。如果有一名学生患有癌症，你觉得老师应该这样说吗？"这是我的癌症学生。"答案很简单："当然不能！"摔断胳膊或者患了癌症不是什么丢人的事儿，但不管怎样，胳膊断了或者有癌细胞不能代表你是什么样的人。

避免使用标签

你愿意别人通过你的病史了解你是什么样的人吗？应该不会吧。对残障人士来说也是一样。但是，描述残障人士的时候，人们却总是用标签或者像是提供员工登记信息一样，而不是以人为先。"学习障碍学生、孤独症男孩、唐氏孩子、资源教室的孩子、融合的孩子"，你听过类似的说法吧？

残障人士希望别人如何谈论自己，关于这件事，搞清楚他们本人的喜好是很重要的。表4.3中列出了来自两个自倡导组织（Disability Is Natural 和 TASH）的参考意见。

> "他的老师是喜欢不断学习、不断改变、脚踏实地的人，而且特别灵活、随机应变，反正你能想到的，他都能做。她简直就是帮马克实现了飞跃。马克所做的，我甚至都——哎呀我都从来没想过他能做到这些。她给了他向上的力量，让他有信心去做事。"
>
> ——玛丽（学生家长，孩子有唐氏综合征）

有关换一个角度看待学生的常见问题

问：如果学生喜欢的玩具或者游戏不适合其年龄，应该怎么办？

答：大家常常用对待小孩子的方式对待残障人士。因此，给他们的东西常常是同龄人都已经不玩了的卡通、娃娃或者游戏。他们的同龄人可能会觉得这些东西没意思。

有一个办法，就是让他们听适合其年龄的音乐或者做适龄活动。

表4.3 以人为先的例子

应该这样说	不要这样说	原因
有残障的人（People with disabilities）	残废（The disabled or handicapped）①	以人为先，强调人。
没有残障的人（即普通人）	正常人/健康人	不该用隐含"有残障的学生就是不好的"意思的一些说法（比如不正常的、不健康的、不典型的）。
艾拉，四年级学生	艾拉，唐氏综合征学生	尽可能地去掉标签；绝大多数情况下，这些标签并无必要。
跟她沟通的时候要用眼神、设备等	不会说话	强调学生能做什么，而不是不能做什么。
使用轮椅	离不开轮椅	提到辅助设备的时候用所有格（主动）语言；不该用的那些说法隐含的意思是这个人被"困住了"。
无障碍停车位	残障人士车位	表述更准确
贝丝有孤独症	贝丝是孤独症	强调残障只是一个特征，而不是属性。
盖尔有学习障碍	盖尔是学习障碍	强调残障只是一个特征，而不是属性。
杰夫有认知障碍	杰夫是智力障碍	强调残障只是一个特征，而不是属性。另外，"认知障碍"这个说法也让人更容易接受。
本接受特殊教育服务	本是特殊的学生	特殊教育是一种服务，不是一个场所。
失明学生	盲人学生	以人为先，强调人，而不是残障。
丹尼斯用电脑写字	丹尼斯不会用笔写字	强调学生能做什么，而不是不能做什么。
需要眼镜、笔记本电脑或手杖	视力有问题；不会写字，不能走路	不强调问题，强调需求。

来源：Snow（2008）。

---

① 编注：基于语言以及构词的不同，此处原文想要强调的区别在中文表达中并没有那么明显，原文表达是希望说不要将残障用来形容某个人的性质，而应该说他们有残障，这只是构成他们的一部分，但是中文表达中没有这样的区别。在中文语境中我们更多会注意避免采用"残废"这样含有贬义的词称呼残障人士。

问：我相信所有学生都很聪明，可是有个学生真的没有达到这个年级的阅读水平，我该怎么办呢？

答：如何为达不到年级阅读水平的学生提供支持，第六章将会对此类问题展开讨论，还会提出很多建议。

问：以人为先的语言，有例外吗？

答：有的。听障人士常常比较喜欢将"听障"放在前面①。有一个名叫"听障在前"（Deaf First）的组织提出听障就是一个重要的身份标识，他们更愿意接受"以残障为先"的说法。有些孤独症人士也更愿意接受形容词的说法，有些人还用他们圈内的昵称，比如"孤独星人"②。所有残障人士都喜欢某一种称呼，不喜欢另一种，这样说是不准确的。以人为先，主要的作用是一个指导性的原则，因为很多自倡导组织都认为这样措辞比较尊重。

问：如果和我一起共事的人不这样说，我该怎么办？

答：要改变学校里的这种说话方式，有很多办法。首先要做示范，自己讲话的时候以人为先。你这样说了，别人听到了，就会做出改变，把重点转向人，更关注他们能做什么。另外，按照表 4.3 的建议去做，让大家看到你"以人为先"的具体做法，再跟大家讨论你为什么提倡使用这种语言。

问：我确实看不出来这个学生哪里聪明。这个学生有智力障碍，我怎么假设他（她）有能力？

答：标准化的智力测试，他（她）可能答得不好。但是，你的教育责任是发现他（她）的长处。多想想他（她）能做什么，而不是不能做什么。每个人都有自己的聪明之处。这样想，就能帮助你学着如何与学生建立连接、如何帮助学生学习。

本章小结

请记住，残障并不能准确地概括一个人的全部。残障学生跟所有人一样，也是独特的个体，有着无穷的潜力（Snow，2008）。认同这一点，不仅仅是有个好态度的问题，还是信念问题，是相信所有学生都是聪明的孩子。除此之外，还能让你为学生提供最有效的教育，和学生在一起的时候，努力提升他们的自尊自信。《什么才是真正的

---

① 译注：汉语基本都是放在前面的，就没有放在后面的说法做对比。

② 译注：原文用的是 autie，是个昵称，没有对应中文表达，此处译为"孤独星人"，有些媒体使用"星星的孩子"作为对这个群体的昵称，但据译者了解，孤独症人士中较少有人喜欢用"星星的孩子"称呼自己，阿斯群体中有部分人喜欢称呼自己为"阿斯""阿斯星人"。

支持》（The Credo for Support）① 一针见血地指出了换一个角度重新看待残障学生的重要性（详见图4.4）。第五章将要讨论的是：如果教育专业人员假设学生有能力、能学习，并本着这种态度来为所有学生提供教育服务的话，应该如何开展团队合作。

回顾历史，很多有着肢体和精神残障的人遭受了种种不公待遇：出生就被遗弃，被社会抛弃，被当作宫廷小丑供人取乐②，在宗教裁判所被淹死、烧死，在纳粹德国被毒气毒死，时至今日，还有残障人士被隔离、被孤立、被管制，以行为管理的名义受到各种折磨，甚至遭受虐待、强奸、谋杀，被动接受安乐死。

现在，残障人士作为有价值、有贡献的公民正在争取应有的地位，这在历史上是没有过的。但是，危险的是：我们采取的行动是补救和宽宥，而不是争取公平和尊重。因此，我们写下这篇宣言，希望你知道：

什么才是真正的支持

不要把我的残障看成问题。
请你明白，我的残障只是一个特征。
不要把我的残障看成缺陷。
认为我不正常、很无助的是你。
我不是不完整，你不必修补我。
请为我提供支持和辅助。
我会以自己的方式为社会作出贡献。
不要把我看成受你恩典的人。
我和你一样也是公民。
请把我看作你的邻人。
请记住，没有人能完全不靠别人。
不要试图修正我的行为。
请静静听我的心声。
你所定义的不恰当行为，可能是我穷尽努力与你沟通的唯一方式。
不要试图改变我，你没有这个权利。
请帮我学习我想了解的事情。
不要以"专业"来掩饰你的紧张。
请倾听我的心声，请让我自己经历风雨。
不要用我来实验你的理论和方法。
请用心和我在一起。

---

① 译注：这是由诺曼·昆茨写的倡导词，主题是如何对待残障人士。
② 译注：中世纪供王公贵族娱乐的小丑。

如果我们之间不够融洽，请把它当作反思的契机。
不要试图控制我。
我是人，我有权利、有力量。
你眼中的对立违抗、不听话、控制欲，其实可能是我对自己生命有所掌控的唯一方式。
不要教我听话、顺从、有礼。
如果是为了保护自己，我有权说不。

不必可怜我。
这个世界不需要再来一个杰瑞·刘易斯①。
如果有人为了一己之私而利用我，请和我一起与他们斗争到底。

不必勉强做我的朋友。
我值得收获更多。
请用心了解我，我们才能成为朋友。

不必帮助我，尽管这样让你感觉很好。
请先问我是否需要你的帮助。
让我告诉你怎么做才是最好的帮助。

不必崇拜我。
我只是想活得充实，这不是值得崇拜的事。
请尊重我，因为尊重是平等的前提。
请你倾听我的心声，请你为我提供支持，请你和我一起战斗。
我不是你的工作对象。
我是你的战友！

图 4.4 《什么才是真正的支持》

引自 Kunc, N., & Van der Klift, E.［1996］. *A credo for support*. Vancouver, Canada：The Broad- reach Centre；授权转载。

---

① 译注：杰瑞·刘易斯，Jerry Lewis，美国老牌谐星、号称"喜剧之王"，曾担任美国肌肉萎缩症协会主席和代言人，在 2011 年之前，他每年都举办马拉松式电视节目为协会募捐，累计募捐 25 亿美元。不过，刘易斯及其节目也受到残疾人权利活动家的批评，他们认为该节目"旨在唤起怜悯而不是赋予残疾人权利"。活动人士指出，那个电视节目延续了偏见和刻板印象，刘易斯声称帮助那些患者，但对他们缺乏尊重，并且在描述他们时使用攻击性语言。

第五章

与人合作
团队协作

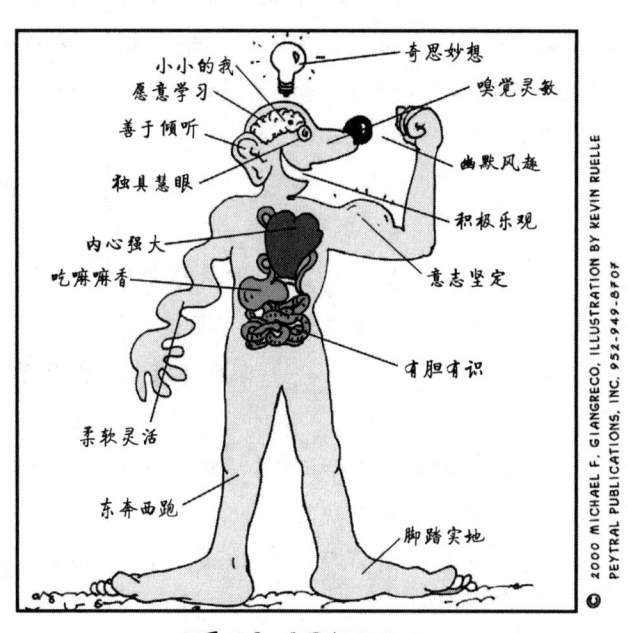

优秀团队成员解剖图

"以前我觉得课堂是我自己的领地。现在我觉得课堂是我们大家的。我整个思想都发生了变化，不仅是对于教室物理环境的想法，还有我对学生的看法，设计课程的时候一开始就把所有学生考虑在内，想出各种各样的办法吸引学生去学习，总之各方面的想法都变了。我的思想发生了飞跃。大家一起集思广益，换一个角度重新看待学生，有意识地去思考课堂上发生的一切……太神奇了。我们的创意无限，我们在课堂上能做的事情也是无限的！"

——凯利（普校教师）

确实有变化。那位普校老师突然间意识到我是能带来价值的。现在八年级社会学课上，他不再以讲座的形式上课了。他负责课程内容方面的事情，还负责设计课程方案达到国家统一的课程标准。我负责通用学习设计和额外的辅助和服务，如果有学生使用辅助沟通设备的话，我负责提供辅助，让他（她）学习更方便，从而实现他（她）在普通课堂的全面融合。

——黛安（特教老师）

"我们真是很幸运——学校的专业人员看起来很正规，也很积极。不管我提出什么想法，他们都很愿意听听，我说的是这个态度，就很开明。简直太棒了。"

——雪莉（接受融合教育的残障学生家长）

"我们能聚到一起是有原因的。我们的生活就像拼在一起的马赛克，没有谁能构成整幅画，但是每个人都是不可或缺的一部分。"

——凯西和万斯伯格（Casey and Vanceburg, 1996, p.138）

教育团队的专业人员包括教师、相关服务提供者、助理教师，这些人一起工作，帮助学生有意义地学习，提升学生的归属感，能让班级里所有学生都获益。专业人员一起合作，为残障学生提供教育服务，这是2004年修订的《残疾人教育促进法》的基本要求（§614[d][1][B]；§636[a][1]；§652[b][1]；§653[b]；§654[a][1][C]）。在融合课堂上，专业人员就像是一块块的拼图，每个人都是整幅拼图的重要组成部分。现如今的融合课堂上，教师与其他教育工作者、治疗师和助理教师一起工作是很常见的现象。

本章主要介绍一些信息和工具，能让教育工作者更高效地合作。为了做到这一点，就要最大限度地利用现有的资源，保证所有学生都能参与课堂活动、学习教学内容、达到个别化教育计划目标。不过,在某些情况下,教师、治疗师和助理教师在备课或者授课阶段都是各干各的,这种情况造成了很多普遍性的问题。特教老师在教室里的角色定位不是很清楚,在课堂上提供特殊教育服务的目的不是很明确,这种时候他们可能就会觉得自己被看轻了,或者感觉自己说好听点就是个教学助理罢了。相关服务提供者可能也会有类似的感觉。精心设计教学是必须的,这样才能充分发挥专业人员的聪明才智,同时还要调整课程标准、学习策略和教学策略,从而达到个别化教育计划的目标。

本章旨在帮助你认清自己在教育团队中的角色定位,厘清每位团队成员的作用和职责。接下来会介绍与整个团队沟通的常见方法以及协同教学的基本架构,还会就如何解决冲突提供一些建议。最后会回答有关合作的常见问题。

> "我问那些教书的人,把你爱教的东西教给想学的人,这是你的理想吗?如果是的话,这样做的基本步骤就是先假定每个人都有能力、有愿望去学习,然后加强他们学习所需要的支持体系,不断沟通、合作,这样才能真正体会到作为一名教师才有的成就感和自如感。"
>
> ——杰米(雪城大学在读,有孤独症)

作用和职责

所在学校、学区不同,甚至所在州不同,学校专业人员的作用和职责都有所不同。不过,即便有所不同,有些作用和职责还是有共识的,在各个学校都是如此。学校工作人员如何开展团队高效合作,从而满足所有学生的教育需求,接下来的章节会针对这个问题给出一些指导性原则。

特教老师

学生的个别化教育计划主要是由特教老师负责制订的。教师、相关服务提供者、学生及其家长每年都会议定学生的目标以及适合学生的特殊教育服务。特教老师帮助保证学生的个别化教育计划目标得以实现。特教老师与普校教师、治疗师以及其他提供支持的工作人员一起合作,负责个性化课程和差异教学,还负责根据每个学生的具体情况做出改动和调整,或者提出改动和调整建议。特教老师还负责解决课堂上出现的问题,评估学生得到的服务,向团队通报学生的进步情况。

普校教师

普校教师应该负责教育班上的学生。普校教师要备课、教课,考查学生掌握情况。普校教师不仅要对每一位有个别化教育计划的学生负责,还要对班上所有没有残障的普通学生负责。一般来说，普校教师在哪一年级、哪些科目应该学习哪些内容这些方面比较专业。

学生家人

"请认可家长的知识、见识，还有为了孩子融合所付出的不懈努力。请帮助家长学习如何有理有据有节地争取权益、维护权益。请帮助家长理解学校和老师付出的努力，让他们能够明白学校也有自己的局限。出现问题，不要只是说'不''不行'，而是拿出创意！这需要一个过程，也需要长久的相处。"

——金姆（接受融合教育的残障学生的家长）

"我能直面困难，教育计划里出现什么问题，我都挺擅长找到解决办法的！我是团队里最重要的成员，如果你不坦诚，我们就永远无法为孩子提供充分的服务。信任一旦失去了，那是最难弥补的。"

——苏（接受融合教育的残障学生的家长）

"请提前说明你的计划。请信守你的承诺。请让我们知道你的思路，解释你做出这些决定的原因。请耐心一点，请把我们当成伙伴，而不是麻烦。"

——玛丽（接受融合教育的残障学生的家长）

毫无疑问，残障学生的家人是他们生命中最为重要的人。根据 2004 年修订的《残疾人教育促进法》，家长或者监护人也是学生个别化教育计划团队的成员，与其他成员同等重要。家长或者监护人应该积极参与教育团队的工作，因为他们是最了解孩子的人。学校里发生的任何事情，治疗师、教师和助理教师都应该告诉家长，并且认真倾听家长的希望和担心，这样就可以帮助家长发挥积极作用。

物理治疗师

物理治疗属于相关服务，由认证合格的执业物理治疗师负责。物理治疗涉及的领域包括大肌肉运动发展技能、骨科问题、行走问题、适应性设备、姿势固定问题，还包括帮助学生适应学校环境，学习其他可能影响学习表现的功能性技能。物理治疗师可以单独带一个学生，也可以带一组学生。物理治疗师也会咨询教师、其他治疗师以及助理教师。物理治疗的具体例子有帮助学生练习安全上下楼、帮助坐轮椅的学生做伸展运动、辅助学生适应学校环境、帮助学生参加其他体育运动。

物理治疗师助理

有些物理治疗师有助理，助理会负责执行物理治疗计划，在教室和学校里辅助学生，为实现个别化教育计划目标随时记录数据，帮助学生自理。物理治疗师助理在认证物理治疗师的指导下工作。

言语治疗师

言语治疗师帮助学生学习沟通以及所有进行有效沟通所需的技能。这些技能涉及所有与语言、发声、构音、吞咽以及流畅表达有关的问题。有些接受言语治疗师服务的学生有口吃问题，还有些学生需要学习理解和表达。在学校里，言语治疗师与教学团队合作，支持学生参与课堂活动，进行有效沟通。

作业治疗师

接受作业治疗师服务的学生需要日常生活技能或者正常校园生活方面的支持。治疗师可能会评估学生的需求、提供治疗、改装教室设施、重建环境条件，总体来说就是帮助学生尽可能地参与学校活动、体验校园生活。作业治疗师可以单独带一个学生，也可以带一组学生。治疗师也会咨询教师和助理教师，以便帮助学生在普通教育环境中达到自己的目标。具体的治疗措施包括帮助学生学习写字或者使用电脑完成任务，提高社交游戏技能，学习穿衣服或者用餐具等生活技能。

作业治疗师助理

有些作业治疗师有助理，助理负责执行治疗计划，在教室和学校里辅助学生，为实现个别化教育计划目标随时记录数据，帮助学生自理。作业治疗师助理在认证作业治疗师的指导下工作。

学校心理教师

学校心理教师的目标是"帮助儿童和青少年克服在学业、社交、行为和情绪方面的困难"（全国学校心理教师协会，未注明日期）。学校心理教师与教学团队密切合作，打造积极向上的学习氛围，促进家校合作。心理老师会对学生进行评估，还经常参与标准化测试工作，以便判断学生是否达到残障标准。心理老师还会与教育团队其他成员直接合作，帮助解决问题，有时候，也会直接为学生提供支持服务。

学校社工

和心理老师一样，学校的社工也会帮助促进家庭、学校、社区之间的联系。社工提供的服务旨在帮助学生及其家庭克服可能妨碍学生学习的困难。社工可以提供一对一的服务，也可以开展小组咨询，还会咨询老师，帮助和鼓励学生学习社交技能。他们还会与社区机构合作，为需要不同机构或者服务的学生协调服务。

视障辅助教师

视障辅助老师为视障或者失明学生提供辅助。一般来说,视障辅助老师要与上课老师一起工作,对课程安排做出改动和调整。他们还会帮助提供必要设备(比如放大镜和电脑设备)以及必要材料(比如盲文作业单)。

听障辅助教师

一般来说,听障辅助老师为听障学生提供辅助,比如为失聪学生提供扩大性沟通系统和手语翻译。

助理教师

助理教师负责执行很多不同的任务,在校园里为学生提供学业、社交、行为方面的辅助,这是最基本的职责。助理教师在特教老师或者普校教师的指导下工作,检查和巩固学生的学习成果。他们可能会负责分站式教学模式的其中一站,可能会朗读课文,还有可能与其他老师协同教学。

学生

学生本人也是团队的重要成员。学生希望得到什么样的支持,什么样的活动适合他(她)的学习风格,如何帮助他(她)交到朋友,他(她)碰到问题的时候希望别人如何介入干预等,有关这些问题,问问学生本人的想法,这一点非常重要。还可以询问其他同学和这些学生的朋友,请他们集思广益,想办法为学生提供支持。

这些人在一起怎样合作

> "聚到一起只是一个开始,团结一心才会进步,通力协作才能成功。"
> ——爱德华·埃弗雷特·黑尔(Edward Everett Hale)

学校和学校各不相同,但有一点是肯定的:为了帮助学生成长,教学团队中所有成年人都必须努力合作。这里有个有效合作的例子,是一个七年级的教育团队。

这个团队为一位名叫亚当的学生提供支持,亚当有孤独症、视力障碍、感官问题,团队包括了所有为他提供辅助的员工。

在英语课上为亚当提供支持的主要成员包括普校教师、特教老师、视障辅助老师、作业治疗师和助理教师。团队成员每个月都要开一次会,讨论在英语课上如何为亚当提供支持。视障辅助老师和英语老师每周都要和助理教师一起为下一个单元的学习准备放大版的学习材料。除此之外，特教老师和英语老师还会站在亚当的角度一起备课，这样的话每节课的设计都会满足他的需求。例如，他们设计了一节课，用的书是《哈利·波特》系列。除了让助理教师放大教学材料中的文本之外，特教老师还建议让全班听有声读物，而不是默读。老师和作业治疗师一起做了一个感官工具箱，里面放了指尖玩具、握笔器、各种各样的书写文具、AlphaSmart 键盘[1]以及口香糖。作业治疗师也会参加每月一次的会议，解决英语课上有关感官障碍的问题。每次开会的过程中，团队成员都会制订一个计划，明确亚当在每项活动中需要什么类型的支持、支持力度需要多大。

你的团队可以使用图 5.1 中的表格，以便确定所有同事的作用和职责。很多团队都觉得这个表很有帮助，能够帮助他们明确在融合课堂上必须完成的任务，哪些成员承担主要责任、次要责任，哪些成员共同承担责任。填完之后，可以回答以下章节提出的问题，看看有没有哪位成员负责的事情需要改变或者需要大家共同承担。

团队成员需要讨论的问题

想要实现真正的合作，了解自己的队友是什么样的人是非常必要的。本节提出了一些问题，当你和其他老师、治疗师或者助理教师坐下来一起合作的时候，这些问题会对你有所帮助。你可以把这些问题当作简单的建议，也可以和团队成员一起把所有问题从头到尾仔细研究一遍。

工作风格
- 你在什么时候工作状态比较好，上午还是下午？
- 你是直截了当的人吗？
- 你喜欢同时做几件事情，还是喜欢一次只做一件事情？
- 如果需要给团队其他成员提供反馈，你喜欢什么样的方式？
- 与团队合作的时候，你觉得自己有哪些长处，哪些弱点？

教育理念
- 融合教育的目标应该是……
- 在我看来，"正常"指的是……
- 在我看来，"提前计划"指的是……
- 能让所有学生都取得最佳学习效果的情况包括……
- 我觉得一般来说，应对问题行为，最好的办法是……
- 我觉得一般来说，重要的是，通过什么（活动、举动）提高学生的独立性……

---

[1] 译注：一种合成键盘，可以打字，还附有计算器等。

- 我觉得团队成员的关系应该……

后勤组织工作
- 我们应该如何就学生以前的情况和取得的进步进行沟通？
- 我们应该如何就我们的作用和职责进行沟通？
- 我们应该如何就课程及其改动进行沟通，应该什么时候沟通？
- 如果我在课上不知道怎么解答某个问题，我应该让学生去找你吗？
- 我们见面讨论得够多吗？如果不够，应该多久约见一次？
- 我们应该如何与学生家人沟通？沟通过程中，大家都负责什么？
- 关于后勤组织工作，还有其他问题吗？

需要学生家人回答的问题
- 你喜欢以何种方式与团队成员沟通孩子的进步？
- 如果我们使用沟通本或者邮件，你希望学校多长时间跟你沟通一次？
- 有没有哪方面的事情，是你特别想听到的？
- 你希望孩子获得何种形式的支持？
- 你对孩子有哪些希望或者期待？
- 孩子有哪些长处，在哪些方面做得很棒？
- 还有哪些信息会对团队有帮助，需要团队了解的？

需要学生回答的问题
- 你最大的长处是什么？
- 你怎么学习效果最好呢？
- 你在学校最喜欢的活动是什么？你在校外最喜欢的活动是什么？
- 你碰到困难的时候我们应该怎么为你提供支持呢？
- 你希望在哪些方面取得进步呢？
- 和朋友同学相处方面，我们应该怎么为你提供支持呢？
- 你希望每隔多长时间检验你有没有进步？
- 你希望如何与老师沟通你的进步情况（比如开会、发邮件、用笔记本）？

以上述问题作为大纲，与团队成员进行一对一的讨论之后，团队就能针对组织问题和理念问题进行协商，成员对各自在课堂上的作用以及应该做的事情就会更加了解，也会更加安心。下一节将介绍有关协同教学的一些安排，读者会对教育专业人员在课堂上应该如何合作了解得更加清楚。

确定团队成员的作用和职责

填表说明：请看下表，了解团队成员常见的作用与职责。确定每位成员各自应该承担的责任：

P = 主要责任　　　　S = 次要责任
Sh = 共同承担责任　　I = 参与决策

主要作用或职责	普校教师	特教老师	相关服务提供者	助理教师
制订学生具体目标				
设计差异化课程				
针对学生的具体情况做出改动和调整				
制作教学材料				
协同教学				
提供一对一指导				
针对全班学生教学				
组织小组教学				
跟踪学生进步				
检查学生任务完成情况，以便确定接下来要做什么				
评估以及分配年级				
与家长沟通				
咨询提供相关服务的工作人员				
参加个别化教育计划会议				
管理学生纪律				
相关信息写在沟通本上				
提供社团支持计划				
推动同伴支持				
安排共同制订计划的时间				
参加定期召开的团队计划会议				
为开会提供便利条件				
把会上讨论情况通报给其他团队成员				
其他事宜				

确定了所有成员的作用和职责之后，请回答下列问题：

1. 上述作用和职责需要做出改变吗，或者有没有哪些事情是需要其他成员共同承担的？
2. 有没有人因为自己需要负责的某些事情感觉不太舒服？
3. 有没有人觉得自己需要更多信息或者培训才能承担上述职责？
4. 团队成员在课堂上分工合作，这种做法会给学生、家长以及其他人什么感觉？
5. 需要做出哪些改变？

图 5.1　确定团队成员的作用和职责

Adapted from Causton-Theoharis, J. (2003). *Increasing interactions between students with disabilities and their peers via paraprofessional training* （博士论文，尚未发表）. University of Wisconsin, Madison. In *The Educator's Handbook for Inclusive School Practices* by Julie Causton and Chelsea P. Tracy-Bronson (2015, Paul H. Brookes Publishing Co., Inc.)

协同教学

协同教学指的是两位以上的教育专业人员在同一个教室环境中共同承担同一组学生的教学任务。教育专业人员包括普校教师、特教老师、治疗师或者其他专门技术人员、双语教师、负责教学内容的专门人员（比如专门负责阅读的老师、专门负责数学干预的老师）以及助理教师，他们共同合作，在普通教育环境中为残障学生提供特殊教育服务，服务内容包括课程设计、教学指导、学习效果评估。在学校里，只要是承担教育责任的人，都可以采取协同教学这种形式。表 5.1 的内容来自穆拉夫斯基和迪克尔（Murawski and Dieker, 2004），他们建议在不同的情况下可以采取不同的协同教学形式。

在协同教学中，研究最多的课题是两个成年人在同一个教室开展教学活动的时候应该如何组织，采用哪些方法。接下来的章节会介绍不同的协同教学形式。

平行式教学

把班级分为两组，每位老师负责的学生就会比较少。两位教师的教学目标都一样，只是把班级分成两组，在同一时间开展教学活动。教学过程也可以不一样。例如，某位老师很擅长教授视觉化的教学内容，那么上课的时候就可以使用图片，而另一位老师可能强调通过亲身实践才能学习。使用两种不同的科学主题（比如电学和生命周期）讲授非文学类文本的时候可以采取平行式教学。

表5.1 如何与其他教育专业人员一起开展协同教学

如果你的任务是	那么另一位教育专业人员可以做
讲课	为学生提供同步笔记，把学生听到的东西以图示的形式呈现给他（她）；用思维导图整理要点，方便学生记住重点词句；给出句子开头
发出指令	把指令写在黑板上，所有学生需要视觉提示信息的时候都可以看到；列出待办事项，或者用通知单或者提示卡；为学生制作个人日程表
班级巡回指导	收集收据、解决问题，改善环境因素（比如灯光）或者为下节课做出改动
考试	给需要听别人读考试题的学生读试卷；考试之前，保证学生座位合适、光线合适，试卷已经按照学生的个别化需求进行了调整（比如放大试题字体或者每页只印一道题）
为教学站或者学习小组提供辅助	也为教学站或者学习小组提供辅助
讲解新概念	提供视觉支持或者教具模型，帮助本组学生理解教学内容；提供不同的感官途径帮助学生理解教学内容，提高整体教学效果
带领小组复习或者预习	学生自习的时候监督整个班级；站在所有学生的角度考虑座位安排和教学环境问题

来源：Murawski and Dieker（2004）。

分站式教学

把班级分为三组。教师共同设计不同的教学站。其中两个教学站有教师提供辅助，一个教学站让学生自己负责，两人一组或者多人一组都可以。学生在不同的教学站之间轮转，教师在各自的教学站提供指导。不同的学生组轮转到教学站时，教师讲授的是同样的教学内容。分站式教学能让残障学生一直都有机会学习个别化教育计划中的普通教育课程，达成个别化教育计划的目标，同时又能在最少受限制环境里和同龄人一起接受教育。重要的是，学生分组是随机的，每一组内什么样的学生都有，并且在不同的教师之间轮转。

团队教学

教师在教学过程和课堂活动中共同负责。一位教师可以朗读课文，另一位教师加以补充，比如根据朗读内容画一张导图。一位教师可以讲授社会学课，另一位教师示范如何记笔记。以工作坊形式授课的时候，一位教师可以先上10分钟的微课，然后学生开始操作的时候两位教师在教室巡视、组织讨论，之后快结束的时候再由另一位教师负责总结或者复习要点。两位教师在大班教学过程中的作用是相辅相成的。

一位负责教学，另一位负责观察

一位教师负责上课，另一位教师负责观察学生表现，收集数据。例如，一位教师上地理课，另一位教师做课堂记录，并且使用检核表检查学生的学习和错误情况，以上述两种方式记录观察到的情况。学生参加小组讨论、自习或者练习技能的时候，教师都可以收集数据。除了学生能力方面的数据之外，教师还可以收集其他方面的数据，比如所处环境中有哪些因素会支持或者妨碍学生参与活动、提高独立性。教师还可以观察某种辅助技术是否有效，还缺少哪些外部支持或者技术，观察或调整学生位置和座位安排，注意什么时候安排适当运动或者提供其他形式的辅助。教师必须轮流承担这些任务，这样所有教师都能有机会上课、观察学生学习情况。

主援教学

一位教师带领大部分学生上课，另一位教师给一小组学生做指导。小组教学是为了带领学生预习核心概念，以便为后面的课程或者单元做好准备，还可以是为了给已经掌握学习内容、达到教学目标的学生扩充知识。使用这种教学方法必须非常谨慎，不要把教学小组变成教室后面的治疗小组。这种形式必须和其他协同教学形式一起使用，而且只能偶尔为之。

主辅教学

一位教师负责上课，另一位教师以不引人注意的方式为某些学生提供个别化指导和辅助。负责辅助的教师可以回答学生的问题、保证学生专注课业，为需要的学生提供及时辅助，还可以帮助学生选择符合自己需要的写字用纸或者工具。负责辅助的教师还可以在黑板上写出或者画出示例。一位教师授课时，另一位教师用图表、图片和标签的形式记笔记，这种方法也很有用。主辅教师必须轮换角色，两位教师都要有上课的机会，不能总是一位教师承担辅助的任务。跟前面的主援教学一样，主辅教学必须与其他协同教学形式结合使用，不能总用。

如何让别人明白这是协同教学

采取协同教学，教师除了要考虑形式和安排问题，还常常要考虑如何让学生及其家人明白这是协同教学。有些协同教学教师会想出一些方法让别人明白他们在教学过程中是合作关系，表 5.2 就是比较有效的办法。看看表中的建议，对自己的协同教学进行评估，再和同事一起想想还有没有其他方法，共同打造一个高效的协同教学环境。

表 5.2　做得很棒的协同教学教师想出的办法

优秀的协同教学教师会这样做……
自豪地说出来。保证所有教师的名字都会出现在班级门口展示牌上和班级网站上。 　　强调集体。提到班级的时候说"我们的",与同事、学生及其家人谈到教室环境和教学职责的时候也说"共同的、一起的"。 　　经常轮换。安排教学角色轮换,而且是经常轮换。负责上课和负责辅助的教师经常互换角色。谁先上课,也要换着来。两位教师要跟所有学生都打交道。一位教师不能每天总是和同一小组的学生打交道。换组带学生。 　　让办公室知道所有安排都要知会两位教师,写上两位教师的名字。协同教学和融合教育的信息要融入学校生活的各个方面。 　　保证所有的通讯、信件和笔记上面都要有两位教师的签字、由两位教师联名发出。 　　安排会议,需要预约两位教师都能到场的时间。两位教师都要明白,要让别人看到是一个教师团队在教这些学生,这一点非常重要。 　　轮流主导课堂,带领学生过渡到下一项活动。两位教师都要辅助学生参加学校活动或者去其他班级上课。 　　两位教师共享空间,包括教室、课桌或书桌。所有的教室用品,两位教师都可以使用,两位教师都在课堂组织中投入精力。 　　注意自己无意中使用的措辞。说话的时候用"我们的教室""我们做了""我们的",而不是"我的教室""我的班""我的"。措辞要给人"共享材料、共担责任、共尽义务"的感觉。两位教师确实是一个团队,说话、开会、日常教学活动中都要传递这种感觉。 　　保证幕后工作也是合作完成。教学涉及的所有任务,团队中每个人都会做。分配任务是为了保证公平。两位教师都要参与备课、课程设计,都要制订课程计划。两位教师从一开始就一起进行通用学习设计。两位教师都想办法为学生提供合理便利,做出改动,对教学内容、过程和材料进行差异化设计。 　　对学生进行评估、与学生讨论的时候也要轮换并共同担责。两位教师都教课、都带学生、都评估学生,一起讨论评估数据就不那么难了。 　　尽最大可能进行合作。 　　解决问题,进行反思并自我批评,不断对自己的课堂做出改进,不断提高自己的教学能力,满足学生的需求,为学生提供最好的融合教育!

共享重要信息

　　所有与学生打交道的人都应该对该生的个别化教育计划有一个基本的了解,这一点非常重要。我们发现,如果团队成员比较多的话,共享信息就会变得比较麻烦。很多团队成员都会借助一个工具来共享学生的个别化教育计划信息,这个工具就是个别化教育计划速览表(图 5.2)。填写这个表格,之后与其他教师或者专门教师共享。个别化教育计划速览表基本上就是把个别化教育计划的重要信息总结到一页纸上,包括远期目标和具体干预目标以及其他必要信息。

个别化教育计划速览表

学生姓名：_____ 年级：_____ 年龄：_____
填表日期：

远期目标：	远期目标：
具体干预目标： • • • • •	具体干预目标： • • • • •
远期目标：	远期目标：
具体干预目标： • • • • •	具体干预目标： • • • • •
远期目标：	远期目标：
具体干预目标： • • • • •	具体干预目标： • • • • •

图 5.2　个别化教育计划速览表

From Causton-Theoharis, J. (2009). *The paraprofessional's handbook for effective support in inclusive classrooms* (p. 35). Baltimore, MD: Paul H. Brookes Publishing Co., Inc., 授权改编。
In *The Educator's Handbook for Inclusive School Practices* by Julie Causton and Chelsea P. Tracy-Bronson (2015, Paul H. Brookes Publishing Co., Inc.)

对于相关服务提供者来说，治疗计划速览表很有用，可以让人明白学生需要优先学习的技能有哪些，在融合课堂上需要哪些材料和口头提示才能帮助学生练习所学技能。我们认识的一位作业治疗师根据个别化教育计划为自己负责的每位学生都制作了一份治疗计划速览表，还复印了几份分发给教育团队的所有成员、专门教师以及其他与学生打交道的人。图 5.3 是一份作业治疗计划速览表的示例，图 5.4 是言语治疗计划速览表示例，图 5.5 是理疗计划速览表示例。

亲爱的教育团队成员：

_____ 目前正在接受作业治疗，学习下列技能（左侧）。请尽量给他（她）机会让他（她）参加这些活动（右侧），这样很有好处。

技能	活动
精细动作技能	画画、写字、打字、拉拉链、捏、抓、拆包装
三指抓握	画画、写字、描红，填色
双手或者双脚协调（比如用两只手做相同或者不同的事情）	剪切、拍手、写字（同时固定写字用纸）、跳、接、扔、垫脚石游戏①

我使用下列材料和提示帮助学生在教室里练习这些技能。在校期间，让我们一起帮助孩子学习这些新技能吧。

技能	活动及相关材料	提示
三指抓握	握笔器 抓握剪刀柄	"用三个手指头来。" "小拇指和无名指可以歇一会儿啦。"
双手或者双脚协调	数学课上用尺子 系鞋带 跳	"一只手写字，一只手把着。" "两只手都要动起来哦。" "要保证双脚轮流踩到垫脚石上。"

其他提示与技巧：

写字的时候给班上其他学生也都提供握笔器吧。我会多准备一些备用的。

我们还在练习双手协调技能。你可以通过两种方法来帮助学生练习这项技能：

（1）朗读的时候给学生一个彩虹圈当指尖玩具；

（2）使用"一人说一句"②的方法复习所学内容。鼓励学生使用彩虹圈，来回换手，让彩虹圈在双手之间来回倒换。使用"一人说一句"的方法，让学生传球，拿到球的学生就要说一个重要的知识点，这种做法可以让学生练习抓和扔两个动作的切换。

有问题请随时联系我。

苏·恩德韦尔
电话
电子邮件

图 5.3 作业治疗计划速览表示例

---

① 译注：这个游戏目前能查到的玩法不太统一，但最广泛的一种是用彩纸或者垫子放在地上模拟垫脚石，让孩子按一定规律踩着垫脚石走过去，比如只踩黄色的或者按照黄红黄红的顺序踩等。

② 译注：一人说一句，原文 the whip-around strategy，是一种讨论方法，让每个学生大声说出一个简短的想法或观点，快速展示他们的学习成果或参与课堂讨论。

亲爱的教育团队成员：

　　<u>　克洛伊　</u>目前正在接受言语治疗，学习下列技能（左侧）。请尽量给他（她）机会让他（她）参加这些活动（右侧），这样很有好处。

技能	活动
吞咽	喝水、用吸管、嚼口香糖、吃小零食（比如麦片）
发出/l/这个音	唱诵有很多/l/这个音的歌谣
调整音量	边走边说、在同学们面前发言、结对搭伴、社交互动

　　我使用下列材料和提示帮助学生在教室里练习这些技能。在校期间，让我们一起帮助孩子学习这些新技能吧。

技能	活动及相关材料	提示
吞咽	辅助餐具（特制勺子、特制杯子）	需要的时候给她提供特制勺子和杯子。
发出/l/这个音	用字母图给她提供辅助	"舌头抵在上牙齿。""张嘴。"
调整音量（针对说话声音太小的学生）	扩音器 录音机	"坐后排的同学能听见你说话吗？" "你能听见自己说话吗？" "用5号音量。"

其他提示与技巧：

　　我会把录音机放在教室里。克洛伊阅读的时候喜欢听回放。为"读者剧场"活动做准备练习的时候，可以把录音机当作活动中心。我还会把辅助餐具（杯子和勺子）放在教室里。

　　学习发/l/这个音的时候，请尽量让学生多做自然而然的练习。如果感觉有人要纠正她的发音，她会变得很难为情，所以请提供练习机会、收集数据（写在我提供的表单上）就好（无须纠正她）。另外，在指导发音的时候请一定清楚地示范如何发出/l/这个音。如果这些技能练习可以不着痕迹地融入课堂教学中，不让她或者其他同学感觉那么明显，那就最好不过了。

　　在校期间请允许克洛伊一直带着水，因为这对她学习吞咽、防止流口水有帮助。除此之外，在校期间请允许她吃口香糖。我编了一个故事，可以跟同学们解释她为什么要吃口香糖，如果你愿意，我很高兴来班级讲讲这个故事。这会帮助其他同学理解克洛伊为什么会有吞咽和流口水的问题，也会帮助他们了解如何更好地为她提供支持。我问过克洛伊和她父母了，他们愿意让同学了解这些。

　　有问题请随时联系我。

米娅·布莱克
电话
电子邮件

图 5.4. 言语治疗计划速览表示例

亲爱的教育团队成员：

　　莉莉 目前正在接受理疗，学习下列技能（左侧）。请尽量给他（她）机会让他（她）参加这些活动（右侧），这样很有好处。

技能	活动
力量和耐力	练习站姿、分发材料、久坐（没有额外的身体辅助）
大运动技能	全身多感官运动①；扔和抓
在学校里合适的地方放置轮椅	在课桌以及其他教室家具之间穿行、在书桌之间巡回、和朋友们在拥挤的走廊里穿行

　　我使用下列材料和提示帮助学生在教室里练习这些技能。在校期间，让我们一起帮助孩子学习这些新技能吧。

技能	活动及相关材料	提示
力量和耐力	团队活动中坐在椅子上 计时器	"坚持15分钟，之后你就可以和朋友休息啦。" "用劲儿哈。" "觉得发抖了就告诉我们哈。"
大运动技能	传球发言	"回答问题之后，把球传下去。"
在学校里合适的地方放置轮椅，并为自己发声争取权益	独立移动到另外一组 在教学楼里独立移动	"能不能让个地方？" "你能叫个人来搬走这个吗？"

其他提示与技巧：

　　请鼓励莉莉尽量在学校走廊和教室里独立穿行。她刚刚换了新的电动轮椅，经常撞在家具上。我们的目标是鼓励她独立移动，鼓励她碰到需要挪动东西的时候为自己发声争取权益。

　　在校期间，请在课堂学习中加入锻炼大运动技能的活动。这样做可以锻炼她的肌肉，还可以让她精神头更足。

　　有问题请随时联系我。

艾拉·德克尔
电话
电子邮件

图5.5　理疗计划速览表示例

---

　　① 译注：原文 Whole-body learning activities，没有比较权威的译法，指的是让学生通过体育活动来探索和学习，包括所有动觉学习，与视觉或听觉学习相反。

在哪些情况下可以把个别化教育计划目标融入校园生活呢？教学团队常常使用教育计划网格表来判断合适的时机。这种表格有利于教育团队集思广益，创造性地将个别化教育计划目标融入普通教育环境，同时重点强调满足学生的个别化目标。图 5.6 的教育计划网格表供你参考。

教育计划网格表

学生姓名：_____ 教师姓名：_____ 日期：_____

个别化教育计划目标 （简单扼要）	班级日程表								

关键词：填表时，用 X 代表提供的教学指导；O 代表需要做出一般性调整的课堂融合计划；S 代表可能需要对课堂活动与材料做出针对性调整；TA：任务分析指导计划

图 5.6　教育计划网格表

From Janney, R., & Snell, M. E. (2013). *Modifying schoolwork* (3rd ed., p.190). Baltimore, MD：Paul H. Brookes Publishing Co. 授权改编。

In *The Educator's Handbook for Inclusive School Practices* by Julie Causton and Chelsea P. Tracy-Bronson (2015, Paul H. Brookes Publishing Co., Inc.)

学生家庭参与

制订学生教育计划的时候，与专业人员合作很重要，与学生家庭合作、将他们的想法融入计划当中并付诸实施，也一样重要。研究发现，要想出合适的办法为残障学生提供支持、帮助他们取得更好成绩，并且能够坚持这样的做法，学生家庭的参与和投入是关键因素（Bouffard & Weiss, 2008；Epstein, 2001；Pushor & Murphy, 2004）。但是，因为老师们每天都非常忙，压力很大，时间也有限，首先无法保证的就是与家庭的合作。我们也明白，一天只有 24 小时，谁也不能多出 1 个小时，但教育团队还是有很多办法能让学生家庭有效地参与这个过程。

保持沟通

学生家人应该有能力为自己的孩子争取权益，并且能够持续获得有关如何教育孩子的信息。这就意味着教育工作者应该定期与家庭共享孩子的信息，并且在团队讨论和开会的时候将学生家人包括在内。共享信息可以采取很多形式，比如打电话、发电子邮件、上传网盘文件，让团队所有成员都能下载，甚至可以准备家校联系簿，每天都让学生带回家。不管采取哪种沟通形式，重要的是学生家人和团队成员都有机会参加每天或者每周的讨论，共享学生各个方面的信息，比如取得了哪些进步、距离个别化教育计划目标还差多少、都有什么家庭作业，还有哪些方法和想法可以尝试（比如说"伊恩昨晚已经学会用 VoiceThread[①] 了，所以下周也许能让他把这个用到历史作业里"），还可以提前预警、请对方多留意某些情况（比如说"丹尼今天早上起晚了，所以有点不开心"），也可以提示值得表扬和关注的事情（比如说"凯特的科学实验做得特别棒！"）。

看到孩子的全部

残障学生的家人常有与学校团队互动不良的经历（Beratan, 2006；Engel, 1993；Ferguson & Ferguson, 2006），或者感觉对方提到学生的时候总是在说残障，就好像这是孩子需要"修理"的地方似的（Fried & Sarason, 2002；Sauer & Kasa, 2012）。为了实现家校之间的高效合作，很重要的一点就是教师要改变这种消极的思维范式，要看到孩子的全部，而不是只盯着残障、困难或者他们眼里的缺陷。这就意味着，与学生家人一起讨论教育计划和支持策略的时候，教育工作者应该多关注学生的长处和能力，如果要讨论困难和挑战的话，要准备好解决方案。如果教育工作者持积极态度，以解

[①] 编注：一款 APP，可以将多种形式的文件（文本、图片、声音、视频等）整合于一体，在教育领域发挥了广泛的作用。

决问题为导向，学生家人就能明白教育团队的关注点是为孩子提供支持、帮助孩子成长。这样的话，大家集思广益的时候才能更高效地发现什么方法在课堂上有用，才能帮助教师和家长齐心协力，找到更有创意、更具吸引力的方式，帮助学生在融合课堂上更好地学习。

建立信任关系

学生家人是最了解孩子的，所以，想要实现家校合作，花点时间与他们建立信任关系非常关键。抱着积极的态度与学生家人接触，为了满足孩子的需求，愿意向他们学习，愿意和他们一起学习，这样的教育工作者常常是最成功的。作为教育工作者，这意味着你要付出努力，珍惜和尊重来自学生家人的声音，多为他们提供机会，让他们觉得自己确实是教育团队的一分子。我们认识的有些老师就通过下面这些做法与学生家人之间建立了信任关系：

- 向家长了解学生的情况。
- 问问家长，在家里或者出门时根据孩子的情况做过哪些准备或者调整。
- 问问家长，在家还需要哪些支持资源，帮助他们联系这些资源。
- 多给家长提供机会参与孩子的教育决策。
- 在学校提供家长培训、开办教育研讨会。
- 邀请学生家人来到课堂，观看辩论、表演、单元总结汇报、画展以及其他特别活动。
- 出席有学生家人参加的社区活动。
- 在附近找个咖啡馆或者餐厅召开个别化教育计划会议，或者非正式的家校会议。

团队成员意见不统一怎么办

团队运行的理想状态就像是一台磨合很好的机器，每个齿轮都在持续平稳地运转，都在为整个机器的良好状态和谐地发挥着各自的作用。然而，团队运行并不总是这么顺利的。人与人之间总会有冲突。

非营利教育组织邦纳基金会（Bonner Foundation）曾经提出解决冲突的八个步骤。冲突，指的是"人们在精神或身体上的对立状态，在这种状态下，彼此的价值观或需求相反，或者他们认为彼此的价值观或需求相反"（邦纳基金会，2008）。下面列出的是邦纳基金会提出的，有关如何解决冲突的建议，后面还补充了我们在这方面的一些建议：

1. "搞清楚冲突双方的立场（'双方在说什么'）。"你的观点是什么？对方的观点是什么？都写下来。

2. "进一步了解双方背后真正的需求和愿望。"对于对方的需求和愿望，你有什么看法，写下来。你自己有什么需求和愿望，写下来。

3. "请对方进一步解释，以便获得更多信息。"问对方："你为什么会有这种感觉？""你觉得在这种情况下你需要什么？"把这个难题变成一个需要思考和研讨的问题。

4. "一起讨论解决方案。"不要评价这些想法是对还是错，记下来就好，记得越多越好。

5. "讨论每个解决方案会给双方带来什么样的影响，看看有没有可能各让一步。"讨论每一个可能的解决方案。先站在自己的角度，再站在对方的角度，讨论哪些方案可能有用，哪些可能没用。如果有必要的话，再想一些办法。

6. "就解决方案达成一致。"确定哪个解决方案对你们双方来说是最佳方案。制订一份执行解决方案的计划，确定需要花多长时间来实施这个解决方案。

7. "实施解决方案。"在规定时间内试试你自己的想法。

8. "如果有必要的话，重新评估解决方案。"双方回过头来一起讨论这个解决方案，看看其中哪些部分是有效的，哪些部分是无效的。如有必要，继续重复这个流程。

抽出时间进行沟通

教育工作者提到的最普遍的问题，就是没有足够的时间与一起工作的其他专业人士交流或者合作。特殊教育工作者在融合环境中合作时，应该与普校教师、相关服务提供者和助理教师一起观察、讨论和解决问题，以便找到最为可行的办法来支持学生融合。

不过，即使教育工作者可以抽出时间进行合作，也经常会发现会议效率不高或者计划不周。许多团队通过团队会议记录（详见图5.7的表格，可重复使用）来提高会议效率。如果团队成员很难抽出时间安排会议，可以试试下面这些方法，很多团队都通过这些方法解决了这个问题。仔细研读下列方法，看看是否能够让团队沟通更有规律、更有效率。能够帮助团队成员抽出时间安排会议的方法：

• 观看视频时间或者自习时间——设定一个周会时间，让学生观看教学视频或自习15分钟。等到团队真的开会时，就让学生观看视频或自习。

• 招募家长志愿者——让家长志愿者给学生讲故事或者带着学生做游戏、复习所学内容，团队趁此机会开个15分钟的碰头会。

• 借助其他教师团队——每周把两个班级合并一次，一次半小时，学习课程的某个部分或者安排团建活动。一个教育团队负责管理学生，另一个团队开会，然后两个团队互换。

• 约在专门课程时间开会——问问专门课程老师，他们的日程里能不能挤出15分钟，哪一天都行，利用这个时间开会。

• 借助其他团队的助理教师——看看其他团队的助理教师什么时候有空，请他（她）带学生朗读或者监督学生自习15分钟。

团队会议记录

与会成员及其职务：_____ 缺席成员：_____

主持人：_____

记录员：_____

计时员：_____

协调人：_____

观察员：_____

会议议程	I – 情况 D – 讨论 R – 需要决策	报告人	时间安排
1.			
2.			
3.			
4.			
5.			
6.			

讨论事项：

图 5.7 团队会议记录（共 2 页，第 1 页）

(续表)

布置任务、时间安排、后续跟进：

活动	负责人	时间安排

下次会议议程：

1.

2.

3.

4.

5.

6.

下次会议时间：_____

图 5.7　团队会议记录（共 2 页，第 2 页）

From Causton, J., & Theoharis, G. (2014). *The principal's handbook for leading inclusive schools* (pp. 70–71).

Baltimore, MD: Paul H. Brookes Publishing Co., Inc. 授权转载。

In *The Educator's Handbook for Inclusive School Practices* by Julie Causton and Chelsea P. Tracy-Bronson

(2015, Paul H. Brookes Publishing Co., Inc.

- 利用课前或者课后时间——把课前或者课后 15 分钟作为教学团队"雷打不动"的开会时间。
- 安排一个"神秘读书人"——每周邀请一位社区人士带班级朗读 30 分钟。利用这 30 分钟来做计划。

如果你用了上述办法，还是没法发起面对面的会议，那么还有些团队用了另外一些办法，代替面对面会议：

- 沟通本——准备一个笔记本，团队所有成员每天都看，看完回复。可以把自己的问题写在笔记本上，也可以看到别人的回复。沟通本还可以用来讨论日程安排或者与学生有关的具体信息。
- 电子邮件——还可以用电子邮件代替沟通本。团队成员可以通过电子邮件互相联系，讨论问题、发表意见或者就日程安排进行沟通。
- 信报箱——在教室里给每位成员准备一个信报箱。把所有记录或者一般性信息都放到信报箱。
- 校对——准备让学生带回家的记录写好之后，要让团队成员一条条地校对。通过这种方法，既能校对这些记录，又能让所有人都收到需要了解的信息。
- 课程计划共享——公开课程计划，让所有成员都能看到。通过笔记就接下来的教学内容进行沟通。请撰写计划的人明确界定每位成员在每节课上的作用。教育团队还可以在共享空间以电子形式保存这些课程计划，方便团队合作。

团队合作常见的问题

问：我不太确定自己提供入班服务的时候应该做些什么？我们（我和另外一位老师）从来都没合作过，也没一起制订过课程计划，所以大部分时候我只是坐在教室里，为两名接受特殊教育服务的学生提供辅助，这是他们个别化教育计划的一部分。我应该怎么办呢？

答：找个时间和那位老师碰个头。可以这样问："咱们两个应该怎么一方面满足扎克和普里西拉的个别化教育计划要求，另一方面在科学课上都能发挥积极作用呢？""你给全班上课的时候，我该怎么辅助你呢？""在校期间，不上课的时候，该怎么整合扎克的个别化教育计划目标呢？"上面这些问题旨在将学业活动与专门指导相结合，对于保证学生在校期间都能贯彻个别化教育计划至关重要。

问：我看过一些常见的协同教学形式，但是我们学校一种都没用过，我在教室里，要么就是坐着，要么就是四处走着提供辅助，我该怎么和团队的其他人提议使用那些教学策略呢？

答：给你的搭档看看不同形式的教学安排。开启对话，问问这些形式对自己的团队是否有用。画张图，给他们看看每一种形式的教学安排都是什么样的，这样他们就能想象出还可以有其他形式的教学安排。让其他老师知道你愿意在他们的融合课堂上发挥积极作用、与他们合作、共同为学生提供辅助。有位特教老师曾经用过图 5.8 中的表格，为自己的融合写作课做了合适的课程安排。她和普校教师一起合作，确定了什么时候应用这些教学形式对学生最有益。

问：给我分配的任务让我觉得不舒服怎么办？

答：把自己的苦恼告诉教学团队。不一定非得改变你的职责，可以找人分担。如果你觉得这些事情超出了自己的工作范围，那就与教学团队谈谈，之后再与校长或者特教主任谈谈。

问：助理教师可以协同教学吗？

答：助理教师当然可以负责教学站和小组教学，还可以负责课程的一部分，其他教师上课的时候，助理教师也可以加以补充。教师应该明确课程先后顺序，选定合适的差异教学策略，根据需要做出必要的改动和调整。清楚地说明自己的要求和期望，保证助理教师明白到底自己应该做些什么。

本章小结

作为团队成员在学校工作可能很不容易，但也很值得。了解每个团队成员的角色，包括自己的角色，可以让你更了解自己的工作。多多了解自己的队友，这对建立团队信任至关重要。而且，协同教学、协同支持也有助于明确每个成员在课堂上的具体作用和职责。关键在于沟通：团队合作的时候，互相沟通、解决冲突越高效，团队工作就越给力，越能为学生提供无缝支持。下一章的重点是提供学业支持，让学生充分发挥学习潜力。

	周一	周二	周三	周四	周五
平行式教学					
分站式教学					
团队教学					
一位负责教学，另一位负责观察					
主援教学					
主辅教学					

图 5.8 协同教学网格表

第六章

提供学业支持

为特殊需要的人扫清障碍，就是为大家扫清障碍！

> "给我一张桌子，然后让我自己搞一把椅子，老师不应该只做这些就心满意足了。我需要有人向我提问，还需要给我时间让我考虑怎么回答。我在很多地方都可能迷路，老师应该成为引路人，在这些地方给我指引。"
>
> ——杰米（雪城大学在读，有孤独症）

> "每个人都有自己的天赋。但是，如果你用会不会爬树来评价一条鱼有没有能力，那么这条鱼终其一生都会以为自己是个蠢材。"
>
> ——阿尔伯特·爱因斯坦（引自 Kelly, 2004, p. 80）

> "我们怎么教，孩子怎么学，这种方式如果不行的话，那么也许应该换一种方式——孩子怎么学，我们怎么教。"
>
> ——伊格纳西奥·埃斯特拉达（引自 Card & Card, 2013, p. 40）

设计融合课程，需要在计划课程时考虑到某些学生的需求，使课程对于所有学生来说都更方便学、效果更好、更有意思。

融合教学、差异教学以及合作教学的设计模板

从一开始，融合教师就要主动对课程单元和教学内容进行设计，让所有学生都能使用。很多教师团队都合作开发了考虑周到的差异教学方案。图 6.1 是可供融合教育团队使用的设计模板。教育工作者想要设计满足班级所有学生需求的教学方案，应当考虑下列几个方面的因素：(1) 学生情况；(2) 教学内容；(3) 多维思考；(4) 教学计划；(5) 评估体系；(6) 总结反思。接下来的章节将就上述因素展开讨论。

学生

设计融合课程，首先要考虑的就是所教班级的学生情况。选择三名能分别代表班级学生在学业、行为、社交方面不同水平的学生，其中一定要包括残障学生和/或母语非英语的学生。给每名学生做一份闪光点小档案，其中包括学生的好恶、智力、长处，还包括学生在沟通、行为、学业以及具体科目方面的表现。这一步的目的是主动考虑班级学生的水平限制，在教学设计的过程中考虑到他们的长处和需求。

教学内容

第二步是要了解课程标准以及自己想要教授的内容。仔细研读国家标准，围绕这些标准进行教学设计。尤其要考虑的是你希望学生上完这节课以后能学到什么、做到什么。

下面这个设计模板旨在帮助教学团队开发考虑周到的差异教学方案。

第1步：学生情况
A. 选择重点关注学生

　　判断在教学设计过程中需要始终考虑哪些学生（至少三名）。这些学生应该代表班级学生在学业、行为和/或社交方面的不同水平（比如困难很大、平均水平、表现很好）。特别考虑残障学生和母语非英语的学生。

　　给每名学生做一份闪光点小档案，至少包括下列信息：（1）好恶；（2）智力/长处；（3）沟通；（4）行为；（5）学业以及具体科目方面的表现；（6）其他相关信息。

第2步：教学内容
A. 科目/主题、概念、问题或单元主题

　　需要达到国家和各州规定的几年级标准？
　　有哪些重要的思想和概念？

B. 你希望学生了解哪些东西，能做哪些事情？

第3步：多维思考！
A. 思维导图/网图/头脑风暴

　　□ **这个科目有哪些方面是我们能教的？**
　　□ **可以怎么教？**
　　- 如何呈现教学内容？如何吸引学生学习？
　　- 可以考虑的教学活动：演示、示范、微课、画画和讲故事、学生研究、探究项目、游戏、模拟、学习中心、视频或其他形式。

　　□ **学生可以用哪些成果来表示自己已经学会了新内容？**
　　这些成果应该与课程目标紧密相关。
　　- 可以考虑的成果呈现方式：作业样品、歌曲、戏剧、照片配文、板报、文章、技能演示、小册子、个人或团体报告、录像、音频、当老师教别人、展览或其他形式。
　　- 需要考虑的问题：不同的学生可以使用不同的成果吗？学生可以选择不同的方式吗？允许学生掌握程度不同吗？

　　□ **如何评估？**
　　- 如何评估这些成果？根据什么标准评估？
　　□ 如何促进重点关注学生发挥长处？
　　□ 如何体现加德纳所说的多元智能？
　　□ 如何对待学生所处的文化背景？如何与文化联系起来？
　　□ 如何进行差异教学？延时？改动？如何让所有的学生都觉得有东西可学？如何让学生有所选择？

B. 针对主题做研究/找资源

　　教学设计需要找资源或者做研究吗？

(续表)

第 4 步：教学计划

A. 远期目标/具体学习目标

你希望学生了解哪些东西，能做哪些事情？

☐班级整体目标/重点
- 基础线：每个学生都能学会并且做到的事情
- 期望值：绝大部分学生能够学会并且做到的事情
- 高标准：少数学生能够学会并且做到的事情

☐学生个体目标

B. 前测

授课之前，了解所有学生的学习情况。如何收集这些信息？学生对将要学习的主题了解多少？

C. 先备技能

学生还需要哪些技能才能参与课堂活动（比如合作技能、语言技能，或会写字、懂技术）？有些学生可能没有这些技能，针对这些学生，如何教他们学习这些技能，或者如何对课程做出改动（比如课前教学、同伴支持、辅助沟通设备）？

D. 目标词解释

把目标词或者跟教学内容有关的词语及其解释列出来。

（正式解释或者跟教学内容有关的解释/适合年级水平的解释）

E. 对教学计划的影响

通过前测了解到的情况以及学生对于先备技能的掌握程度对你的教学计划有何影响？

F. 课程/单元时间/时长

G. 教学顺序（勾选一项）

☐学习周期：投入、探索、解释、应用

☐亨特模型：输入、示范并检查学生是否理解、指导练习、独立练习

☐数学（以及其他）：启动、探索/调查、讨论/研讨

☐探究顺序：定义问题/提问、预测答案、计划调查、收集信息、分析信息、得出结论

☐其他顺序：描述

H. 细枝末节

☐为了帮助学生达到目标，你将如何创造便利条件？

☐你需要为哪位学生提供合理便利？你需要为哪位学生做出改动？个别学生需要什么样的支持或辅助？

☐使用发散性的思维导图。

思考下列问题：这节课应该怎么给学生分组？需要使用教室里的哪些地方？教室里应该如何布置才能保证学生学会所教内容？你会使用哪些教学策略帮助学生学习？课前教学？

(续表)

I. 引起兴趣的导入和小结
J. 每次课
　　□日程
　　□适合学生的目标
　　□行为方面的考量
K. 协同教学与合作（哪些人会参与其中？他们具体起到什么作用？）
　　你应用的是哪种协同教学形式？圈起来。
　　平行式教学；分站式教学；团队教学；一位负责教学，另一位负责观察；主援教学；主辅教学。
　　上课之前、期间、之后，每位成年人都做什么？
　　成年人姓名：
　　上课/单元学习之前的具体任务：
　　上课/单元学习期间的具体任务：
　　上课/单元学习之后的具体任务：

第5步：评估体系
A. 对学生的学习效果进行评估
　　1. 形成性评估
　　　a. 整个教学过程中你要收集哪些信息？或者要持续不断地收集哪些信息？
　　2. 终结性评估（必须与远期目标和具体学习目标联系起来）
　　　a. 你评估的是什么？你是如何评估的？你的评估标准是什么？
　　　b. 你评估时使用某种标准或者工具吗？

第6步：个人/团队总结反思
A. 成年人何时、何地、如何总结和评估课程/单元的教学成果？
B. 分析/反思学生的学习
　　学生（整个班级和重点关注学生）从你的课上学到了什么？
C. 反思教学（学生参与度、计划、准备、合作以及授课）
　　1. 反思针对本单元具体内容的教学
　　　a. 学生/你在内容方面的困难在哪里？
　　　b. 学生/你在内容方面做得较好的地方在哪里？
　　　c. 你还有哪些不同的教法？你有哪些感到骄傲的地方？
　　2. 反思本单元的团队合作情况
　　　a. 你还有哪些不同的教法？你有哪些感到骄傲的地方？

图 6.1　融合教学、差异教学以及合作教学的设计模板

选自 Theoharis, G., & Causton-Theoharis, J. [2011]. Preparing pre-service teachers for inclusive classrooms: revising lesson-planning expectations. International Journal of Inclusive Education [15] 7, 743-761, [Taylor & Francis Ltd., http://www.tandfonline.com] 出版社授权改编。

多维思考

第三步，要从不同的角度思考，授课以及收集评估数据的时候可能用到哪些结构和策略。想想你会如何讲授教学内容、如何吸引学生听课。想想学生可以通过什么样的学习成果来表示自己理解了教学内容。要将多元智能的不同元素与课程内容相结合，让学生能够学习这些内容，并从不同的切入点来呈现自己的学习成果。不要忘了重点关注学生，想想处于同样水平的学生可以通过什么样的成果来表示自己学会了新教的内容。一定要让所有学生都觉得内容是有难度的，自己能学到东西。可以把自己的想法列出来，或者画个概念图。其目的是从不同的角度思考可以怎么设计这节课，让自己的思考对整个教育团队都有意义。

教学计划

第四步，制订教学计划。确立班级整体目标。想想最基本的目标，你希望所有学生都学会哪些知识，会做哪些事情。接下来想想你希望绝大部分学生都学会哪些知识，会做哪些事情。最后想想如何丰富学生的学习体验，你希望少数学生能学会哪些知识，会做哪些事情。另外，还要针对个别学生、结合个别化教育计划目标来明确这节课的具体学习目标。这样可以保证设计这节课的时候是始终将这些重点关注学生考虑在内的。

还要制订一个计划，在授课之前收集前测评估数据。评估结果可以为教学计划提供参考信息，让你在授课的时候更有准备。根据所在学区的课程资源情况、科目领域以及团队成员的背景资历设计授课的先后顺序，以便适合自己的需要。重要的是要考虑照顾学生的个性化需求，为其提供合理便利或者做出适当改动，为学生完成任务提供额外的辅助和支持。从一开始就要把这些考虑融入到课程当中。所有学生都应该有机会接触课程内容。要考虑为此制订一个日程，还要考虑如何向学生解释这些目标。要精心设计有趣的课程导入和小结，吸引学生的注意力。

课程导入　备课的时候，教师经常会考虑如何主动激发学生对课程主题的兴趣，吸引他们投入学习。课程导入的目标是吸引学生的注意力，让学生对将要学习的课题有所准备，并且在很短的时间内抓住学生的兴趣点。图 6.2 列出的课程导入活动都是老师们在课堂上用过的。

有位教八年级的老师，带学生一起学习一篇小说。她做了一些脚印形状的贴纸，把上一章里的一些线索和信息印在了这些贴纸上。然后再把这些脚印贴在地板上，从走廊开始一路贴到教室前面。每位学生进教室的过程中都有机会通过这些脚印复习上一章的内容。最后一个脚印让学生预测下一章会发生什么，并说出三条理由。还有一个

课程导入：
　　课程导入的目标是吸引学生的注意力，让学生对将要学习的课题有所准备，抓住学生的兴趣点。课程导入活动应该激发学生兴趣、吸引学生学习。
　　☐扮演课本中的一个角色。
　　☐准备一个神秘盒子。
　　☐揭开一个秘密。
　　☐制作一封来自校长、美国总统或者毛绒玩具的信。
　　☐把一本书包装起来，上课时候再打开。
　　☐把与课程主题相关的线索藏在教室各处。
　　☐在地板上贴上大脚印或者垫脚石贴纸，在上面印上与课程有关的信息，让学生踩着走。
　　☐在教室里模拟一个情境，或者对教室环境做出改变。
　　☐做一张门票（一张提示卡，用来提示学生对特定学习目标做出某种反应），让学生联想起前一天学的某个东西，并且引出要学的内容。
　　☐做一个图片库或者办一个展览。
　　☐把东西放在深色纸袋里，让学生猜要学什么。
　　☐事先准备一张提示卡，让学生背靠背站好，一个学生读卡上的问题，另一个学生回答。然后两人转过身、面对面，前一个学生再给出反馈，答对了就击掌庆祝。两个人就卡片内容展开互动讨论。
　　☐播放与所学单元相关的歌曲/音乐/音频片段。
　　☐把与学习单元相关的现实生活中的"东西"（比如昆虫、纪念品）带进课堂。
　　☐播放一段与教学内容相关的视频，主题是励志故事或事件。
　　☐组织一次寻宝游戏（比如让学生收集科学实验所需的材料和"工具"，如放大镜、专用笔记本/笔以及其他需要的物品）。
　　☐提供道具（比如教学内容是推理小说之类的阅读材料，那就提供侦探帽和徽章）。
　　☐根据教学主题装扮起来。
　　☐演示一个实验过程。
　　☐表演一个小品（也许需要其他老师或者高年级学生的帮助）。
　　☐制作一个"时间胶囊"，里面装有与学习单元直接相关的物品，再让学生打开。
　　☐做一段或者找一段 30 秒的电视广告来激发学生的兴趣。
　　☐做一段或者找一段 30 秒的广播。
　　☐制作与课程相关的动画视频。
　　☐为了引发学生兴趣，让他们更加期待，这一天里（让其他老师或校长）时不时地公布几条神秘线索，让学生猜下一节课要学的是什么。

图 6.2　课程导入

脚印供学生写下自己的想法。这种课程导入活动很吸引人，而且容易操作，学生开始上课的时候已经复习了之前的教学内容，最重要的是，他们很渴望继续学习，这样才能知道自己的预测是否准确。

课程小结　备课的时候，融合教育工作者常常设计让学生印象深刻的课程小结，这样能让学生感觉这节课有所收获。课程小结的目的是以令人振奋的形式对一节课做出总结，同时帮助学生复习或者巩固所学内容。图 6.3 列出的课程小结活动都是老师们精心设计并且成功开展的。

课程小结：

课程小结的目的是以令人振奋的形式对一节课做出总结，同时帮助学生复习或者巩固所学内容。

☐ 轮流发言

让学生冲着自己的搭档说点什么。说什么都行，可以是自己学到的东西，也可以提一个问题。

☐ 出门条

让学生把自己在课上学到的要点写下来，离开教室的时候交上来。

☐ 3-2-1 发射

让学生说三件自己学到的东西，可以是两个学到的单词，再加一个上课时想到的问题。

☐ 把小结和介绍联系起来

把课程小结和课程介绍联系起来。

☐ 一个词总结

让学生用一个词来描述自己对所学主题的感觉（比如兴奋、热情、悲伤）。

☐ 传球发言

每位学生迅速地说出自己学到的一点，然后传球给下一位同学，拿到球的同学马上发言，之后再传球给下一位，直到所有同学都拿过球、发过言为止。

☐ 头脑风暴

一位同学在白板上写一条自己学到的东西，之后把记号笔传给别的学生。下一位同学就前一位同学写的东西做出补充，写在白板上，学生在上面写的时候，其他同学在下面看，写的内容尽量不要重复。最后的结果就是全班同学的头脑风暴成果。

☐ 便利贴拼图

学生各自写下自己学到的东西，然后粘在班级大图上。

☐ "蹦"米花说话

每位同学都想一个自己学到的东西，准备跟班级同学分享。老师请同学发言。被点到名字的学生"蹦"出来，把自己准备分享的知识点说出来，然后坐下，点下一位同学的名字。发言的同学尽量不要重复别人说过的东西。这个办法可以鼓励学生有不一样的发言，培养学生的责任感，提醒学生仔细听别人发言，同时也是一种快速的形成性评估手段。

(续表)

☐ 背对背
　　学生背对背站着，互相考对方所学内容。如果答对了，就转过身来，跳一跳，击掌庆祝。
☐ 答题卡
　　问一个问题，让学生把自己的回答写在白板或者提示卡上，然后举起来让同学和老师看。
☐ 涂鸦
　　学生分成不同的合作小组。组里每位学生都拿一支记号笔，颜色各不相同。老师提问题，学生马上用记号笔在图纸上画画作为回答。最后的结果就是一大张图，是以视觉形式呈现了学生对于某个学习目标的想法。
☐ 你站在哪里？（比如观点分界线）
　　老师在墙上画一条线，一头是完全同意，另一头是完全不同意，再给出一个议题，让学生表达自己的观点（例如，"在这种情况下，我们是否选择开战？"），并根据自己的想法决定站位。
☐ 10 大榜单
　　让学生分组，以小组为单位一起合作把笑点融入课程内容，再选出 10 大幽默榜单，让学生把这 10 大榜单念出来。
☐ 便利贴流程图
　　让学生把解决问题全过程中的每一步分别画在便利贴上，最后组合在一起，以图画的形式体现学生对抽象概念的理解。
☐ 车尾贴
　　让每位学生都写一条标语，或者一句话，再以图画的形式把上课学到的一个点画出来。
☐ 踩脚石
　　在通往教室的路上，贴上踩脚石，每块"石头"上都有一道题，学生踩到了就要大声回答上面的问题，把答题情况作为形成性评估的一部分。
☐ 视频片段
　　给学生录视频，让学生用不到 30 秒的时间总结一下自己学到的东西。第二天刚上课的时候播放这些视频。
☐ 虚拟动画
　　让学生分组，用虚拟动画制作视频，总结课程要点。第二天刚上课的时候，观看其他组同学制作的视频。
☐ 自评
　　学生根据自己对所学内容的理解程度打分，可以是 1 到 3 分制，也可以用红黄绿不同颜色表示。分值或者颜色意思如下：3 或者绿色表示完全掌握，2 或者黄色表示能够理解，1 或者红色表示需要帮助。

(续表)

□里圈外圈

学生分成两组：一组和二组。一组学生站成一个圈，作为外圈。二组学生站在圈里，和一组同学面对面结对。老师提出一个问题，结对的同学跟对方说出自己的回答。然后站在里圈的二组学生顺时针移动，换到下一位一组同学前面，重新结对。老师再提一个问题，结对的同学再跟对方说出自己的回答。这是形成性评估的一种形式，可以培养学生的责任感，因为每次结对，学生都要复习自己所学内容，并且向对方说出自己对课程的理解。

□展览馆

让学生把自己的学习成果写在便利贴上，展出这些作品，学生观看展览的时候，找到其中两点可取之处记下来。

□看图说词

通过这个游戏复习主要概念，加深理解。

□问候卡

让学生给别的老师或者自己的家人写一张问候卡或明信片，或者写一封信（放在真的信封里），聊聊自己从这节课学到了哪些东西。

□地上时间线

让学生在地上画一条时间线，复习有时间顺序的事件、步骤或者程序。

□跨障碍训练

让学生和同伴在教室里走动，碰到"障碍物"便利贴就停下来，复习上面的概念或图片，看上面的笔记，回答问题。

□边唱边做

让学生编一段歌谣，加上动作，用来记忆关键信息。

□制作板报

让学生以图画的形式在墙上展示学习成果。

图 6.3 课程小结

有位教十年级的英语老师，在教室地上贴了一条胶带，将教室分为两半。学生之前学过了如何在议论文中找到论据，老师带领学生复习之后，提出了三个问题，让学生就这个问题表达自己的观点。学生需要明确自己的观点，这样才能确定自己站在胶带的哪一边。一旦选定了自己的"立场"，就要从站在对立面的人中间找一个对手。每个学生都要做好准备，想出三个论据来支持自己的观点，并向对方陈述自己的观点。看到这个课程小结，我们认识到"观点分界线"这个教学策略非常有效，课程结束的时候气氛很愉快，不但巩固了课程内容，还调动了学生的身体动觉，给了学生人际互动的机会。

协同教学与合作　融合教育团队成员会就协同教学与合作安排事宜绞尽脑汁、集思广益。想想这样的问题："都有哪些成年人参与这节课呢？这些人的具体作用是什么？

我们用的是哪种形式的协同教学？需要给助理教师做任务卡片吗？相关服务提供者如何主动参与教学过程，最大程度地发挥自己的专业优势？"教学设计这个环节绝对必要，因此我们花了一章的篇幅就此展开讨论。想要加强与其他教育专业人员的合作，请复习第五章中提出的实用策略。

评估体系

跟踪监测学生的进步，看看他们距离计划目标还有多大差距，这一点非常重要。要收集多模态形成性评估数据，以便清楚地了解学生在不同的阶段对课程单元或者本节课内容的掌握程度。努力寻找学生有效学习的迹象。问问自己："整个教学过程中我要收集哪些信息？或者要持续不断地收集哪些信息？"分析这些数据，判断自己应该提供哪些教学辅助、合理便利，做出哪些改动。根据这些数据，设计额外的学习活动，满足学生的需求。要不断收集信息、分析数据，然后修改自己的教学计划。

终结性评估的计划也是必须要做的。问问自己："我要评估的是什么？我要如何评估？我的评估标准是什么？我评估时使用某种标准或者工具吗？"结合前测结果和形成性评估数据来分析终结性评估数据，对照国家标准，判断学生的学习效果如何。

总结反思

融合教育的专业人员要不断反思教与学的自然过程。这种反思有助于提高学生的学习效果。想想学生的参与程度和学习状态，想想自己的教学计划、备课和授课情况。

想想何时、何地、如何总结和评估每节课和每个单元的教学效果。关于如何教授具体内容，可以思考下列问题：

- 学生从这节课中学到了什么？
- 班级整体学到了什么？
- 个别学生学到了什么？
- 学生学得好的部分有哪些？
- 学生有困难的部分有哪些？
- 下次上课时有没有不同的做法？

关于授课方式，可以思考下列问题：
- 我们从协同教学中学到了什么？
- 我能做出哪些改变？
- 我有哪些值得骄傲的部分？
- 下次上课时有哪些可以调整的部分？
- 这节课有意思吗，学生投入程度如何？

对教学策略、材料以及计划提供的额外辅助支持进行分析。可以思考下列问题：
- 为重点关注学生提供的这些便利、照顾、额外的辅助和服务，做出的改动等，适合他们吗？
- 为了更好地满足学生需求，我还可以做出哪些调整呢？
- 为了让学生在学习过程中更独立、更投入，我使用了哪些策略？

想想学习环境方面的问题。可以思考下列问题：
- 目前的学习环境对学习有利吗？
- 满足了学生的需求吗？还需要做出哪些改变？
- 目前的学习环境是如何培养学生的归属感和集体意识的？
- 学生是怎样应用所学知识的？
- 学生通过观察、体验、交流等方式进行分析判断的能力如何？对自己进行评价了吗，纠正自己的错误了吗？通过这些活动提高和加深理解了吗？

直接让学生参与反思总结。可以让学生回答下列问题：
- 你学得好的部分有哪些？
- 你有困难的部分有哪些？
- 你最喜欢哪些部分？
- 你对下节课有什么建议？
- 你在生活中会用到这节课学到的知识吗，怎么用？

基本的差异化

前面的章节针对教学团队如何精心设计差异教学提供了一些建议，你看完以后，还可以继续尝试下列差异化工具，这些工具很容易上手，教育工作者很快就可以利用这些工具为融合课堂里各种各样的学生提供支持，满足他们的需求。

学生学习成果参照表

了解了学生的学习风格之后，在教学设计的时候可以考虑与他（她）的能力和智力相匹配的项目。融合教育工作者常用的一个策略是根据学生的喜好设计教学活动。可以参考表 6.1，选择不同形式的学习成果。例如，安妮喜欢身体运动智能方面的活动，那就选择可以让她通过这种形式呈现自己学习成果的教学活动。她可以创作一个木偶剧，做一次亲手演示，或者表演一个与课程内容相关的小品。

表 6.1 多元智能成果参照表

言语/语言智能 (Linguistic)	数理逻辑智能 (Logical/Mathematical)	视觉空间智能 (Spatial)	身体运动智能 (Bodily/Kinesthetic)	音乐韵律智能 (Musical)	人际沟通智能 (Interpersonal)	自我认识智能 (Intrapersonal)	自然观察智能 (Naturalist)
广告	广告	动画电影	书法	视频音频	广告	布告栏	工艺品收藏
注释性参考文献	注释性参考文献	艺术展	字谜	齐声朗读	动画电影	图表	立体模型
布告栏	图表	布告栏	拼画画	童话	布告栏	拼贴画	田野调查（实地调查）
代码	代码	车尾贴	服装秀	电影	图表	收藏	户外考察
连环漫画	拼贴画	卡通	跳舞	乐器	齐声朗读	连环漫画	收集昆虫标本
辩论	收藏	图表	演示	点唱	连环漫画	日记	收集树叶
演示	电脑程序	泥塑	立体模型	音乐韵律智能	辩论	社论文章	原创歌曲
日记	填字游戏	拼贴画	蚀刻	诗歌	演示	童话	照片配文
社论文章	数据库	服装秀	实验	说唱	社论文章	家谱树	收集石头
童话	辩论	演示	电影	谜语	童话	学习中心	科学绘图
家谱树	演示	立体模型	立体翻翻书	角色扮演	电影游戏	迷宫	探险之旅
虚构解释	详细解释	展示	音乐韵律智能	歌曲	访谈	诗歌	时间安排
访谈	能吃的东西	蚀刻	食品	声音	日记	谜语	
歌谣	实验	电影	找找看		上课	时间安排	
笑话书	填空	幻灯片	马赛克		迷宫		
读报课	家谱树	立体翻翻书	板报		博物馆展览		
写信	游戏	游戏	乐器		小册子		
编辑写信	图示	图示	针线活		请愿书		
新闻故事	找找看	找找看	画画		游戏		
非虚构文章	标注图表	插画故事	哑剧		新闻发布会		
答辩	大尺寸图画	迷宫	纸质作品		角色扮演		
口头报告	上课	悬挂装饰物	黏土模型		电视节目		
小册子	带图例的地图	模型	游戏		写法条		
请愿书	迷宫	马赛克	诗歌				

(续表)

言语/语言智能 (Linguistic)	数理逻辑智能 (Logical/Mathematical)	视觉空间智能 (Spatial)	身体运动智能 (Bodily/Kinesthetic)	音乐韵律智能 (Musical)	人际沟通智能 (Interpersonal)	自我认识智能 (Intrapersonal)	自然观察智能 (Naturalist)
游戏	悬挂装饰物	板报	新闻发布会				
诗歌	模型	画画	玩偶				
新闻发布会	请愿书	纸质作品	玩偶剧				
广播节目	游戏	照片配文	广播节目				
谜语	全真模型	图片故事	角色扮演				
科幻故事	拼图	图片	幻灯片				
小品	菜谱	游戏	电视节目				
标语口号	谜语	政治漫画					
独白	调查	立体书					
讲故事	时间线	全真模型					
电视节目	幻灯片	字谜（以画为提示的）					
写法条	文氏图（又名韦恩图，数据可视化图表）	幻灯片					
	验证假设	故事骰子（根据骰子上面的图案编故事）					
	写法条	旅行手账					
		电视节目					
		网络主页					

授权转载自 Taylor, T. Roger. (2015). *Multiple intelligences product grid*. Oak Brook, IL: Curriculum Design for Excellence, Inc., retrieved from https://www.rogertaylor.com/clientuploads/documents/references/Product-Grid.pdf and Taylor, T. Roger. (2007). *Differentiating the curriculum: Using an integrated, interdisciplinary, thematic approach* (pp. 59–60). Oak Brook, IL: Curriculum Design for Excellence, Inc.

多元智能井字格（Multiple Intelligences Think-Tac-Toe[①]）

设计课程单元的时候，有些教师会在布置的任务中让学生有不同的选择。图 6.4 中的多元智能井字格提供了一个模板，每个格子里都写了一种智能（比如音乐韵律智能、数理逻辑智能、人际沟通智能）。想想学生可能通过哪些途径发挥自己不同方面的智能来呈现自己所学知识，把这些途径写到格子里。在学习这个单元的过程中，学生从三个格子里各选择一个任务，连成一条直线。例如，乔选择了音乐韵律智能、人际沟通智能和言语/语言智能，那就从三个格子里各选一个任务来做。根据音乐韵律智能这个格子里的建议，他结合所学内容唱了一首歌。根据人际沟通智能这个格子的建议，他和同学一起做了一个桌游，不但自己能玩，还教其他同学玩。根据言语语言智能这个格子里的建议，他写了一篇新闻故事。最后，他完成了三个大作业，分别呈现了他对所学内容的理解。

自主学习协议

有些老师还会带学生签订自主学习协议，这种协议能让学生自主选择自己想要深入学习的课题。图 6.5 是一个自主学习协议的样例。例如，卡拉先写了想要搞清楚什么问题或者了解什么课题，之后说明了自己要读什么、写什么、画什么、看什么或者听什么，还说明了她需要什么才能完成研究。她还写了截止日期，也列出了打算分享自己所学知识的合适途径。之后卡拉会单独跟老师碰面，以便保证自己的计划与老师所教内容是有明显联系的。融合教育工作者经常使用自主学习协议，因为他们从根本上就很支持学生自主使用学习材料、研究课程主题，以有意义的方式满足个性化的学习需求。

> "对于很多老师来说，班上有个残障学生就算不是可怕的噩梦，也是'不可能的任务'。可是这些老师常常没有意识到，在课堂上为了照顾这些学生的个别化需求做出一些小小的调整是可行的。"
>
> ——昆茨（1984，p. 2）

[①] 译注："Think-Tac-Toe"一词目前没有统一中文翻译，2021 年有文献翻译成思维井字棋，Think-Tac-Toe 是差异教学活动的一个设计框架，由 Kelley Samblis 于 2006 年根据 Tic-Tac-Toe 结构开发，教师可以使用该框架设计多样化的学习任务，满足不同能力水平学生的需求。

多元智能井字格

主题：_____

我该怎样融入数字、计算、逻辑、分类或批判性思维等方面的技能呢？ **数理逻辑智能**	我该怎样使用可视化形式或者有象征性的东西、怎样使用视觉辅助工具、颜色、艺术呢？ **视觉空间智能**	我该怎样融入音乐、环境中的声音，或者该怎样设置一段节奏或旋律的重点呢？ **音乐韵律智能**
我该怎样融入生物、自然现象或者生态意识呢？ **自然观念智能**		我该怎样把全身调动起来，把运动结合进来，或者使用亲身实践呢？ **身体运动智能**
我该怎样激发别人的情感或者唤起他们的回忆，或者让学生自己选择呢？ **自我认知智能**	我该怎样使用书面语言或者口语呢？ **言语/语言智能**	我该怎样让学生积极参与同伴分享、合作学习或者大组演练呢？ **人际沟通智能**

主题：_____

图 6.4　多元智能井字格

源自 Tomlinson，C. A. (2003). *Fulfilling the promise of the differentiated classroom: Strategies and tools for responsive teaching*. Alexandria, VA: Association for Supervision and Curriculum Development; In *The Educator's Handbook for Inclusive School Practices* by Julie Causton and Chelsea P. Tracy-Bronson (2015, Paul H. Brookes Publishing Co., Inc. 授权改编。)

自主学习协议

学生姓名：_____

我想学习：

我想学的问题或者课题是_____

为了了解这个问题或者课题，我会

看或者听这些内容：

写这些内容：

需要这些东西：

画这些东西：

读这些资料：

截止日期：_____

我会这样分享我学到的东西：_____

图 6.5　自主学习协议

源自 Tomlinson，C. A.（1999）. *The differentiated classroom：Responding to the needs of all learners.*
Alexandria，VA：Association for Supervision and Curriculum Development；
In *The Educator's Handbook for Inclusive School Practices*
by Julie Causton and Chelsea P. Tracy-Bronson
（2015，Paul H. Brookes Publishing Co.，Inc. 授权改编。）

你们自己生活中都做了哪些调整呢?

为了提高效率,我们两个在生活中都做了一些调整。例如,朱莉每天都定好闹钟,5 点钟起床。先去健身一个小时,之后再开始一天的高强度工作。这样她在工作的时候就可以久坐,也可以坚持很长时间教学。切尔西也是提前一个小时起床,趁着别人还没起来,也没有电话打进来时,先不看邮件,抓紧这一个小时写点东西,安安静静没人打扰。切尔西和朱莉都用电子日历记录每天的安排。切尔西还有一个活页夹,里面有不同颜色的分区,记录她要做的事情。其中有一个分区,里面是她正在做的项目。每做完一项就划掉一项。朱莉一般是在笔记本电脑上记录每天要做的事情。她把这些事情按照重要性排序,在左边空白处标上序号。我们两个都是用系统化的办法来管理自己的生活,让自己更有效率。朱莉打扫房间的时候,会设个 15 分钟的闹钟,在房间里忙个不停,看看自己这 15 分钟内能干多少活儿,然后打扫下一个房间的时候再设 15 分钟的闹钟。

我们的想法是,我们知道自己想要或需要完成什么,然后借助这些个性化的策略和辅助工具来确保我们能够实现这些预期的结果。你可能不需要做到和我们一模一样,对每个人来说,根据自己的需要量身定制辅助工具都是必要的。换句话说,我们每个人都需要对周围环境、日程安排和行为做出改动或者调整,这样才能顺利地适应社会生活。

教育工作者也会根据学生的需求在环境、时间、行为、社交、学业等方面为他们提供支持,帮助他们取得进步。本章余下的部分要讨论的就是这个主题,也就是说,要讨论的是应该提供什么样的合理便利、做出什么样的改动和调整,才能帮助残障学生,让他们从普通教育中获益。还会介绍一般性策略、针对不同内容的具体策略以及环境调整策略,另外还将针对辅助技术展开讨论。

作为一名教育工作者,应该利用自己的专业知识,做好教学设计,让学生充分体验参与,从特殊教育中获益,按要求完成学习活动,融入校园生活。还应该使用不同的策略,做出改动和调整,提供咨询,帮助学生提高能力,让学生在学校环境中取得进步,帮助他们在学习上找到方向。

2004 年修订的《残疾人教育促进法》认为,如果我们对残障学生的教育抱有较高的期望值,让这些学生能充分参与,对普通教育课程做出改进,再尽可能让学生与没有残障的普通学生一起学习,那么对他们的教育就会取得很好的效果。根据这部法律,特殊教育意味着"为了满足残障孩子的特殊需求而特别设计的教学指导"(§ 300.39)。这种特别设计的教学指导"为符合条件的儿童……在内容、方法或者手段方面做出适合其需求的调整",目的是:(1)"满足儿童因残障状况而产生的独特需求";(2)"确保儿童有机会学习普通教育课程,使其能够达到公共机构管辖范围内的所有儿童都能达到的教育标准"（IDEA 2004，§300.39［b］［3］）。教育团队的职责是保证学生有机会以有意义的方式学习普通教育课程，同时接受"特别设计"的特殊教育。

接下来的章节将讨论：为了满足学生的学习需求，在教学活动方面做出改动，可以采取哪些方式以及具体办法。首先，会介绍为学生提供支持的一般性策略，之后将讨论针对不同内容的具体策略以及环境调整策略。最后还会提出一些建议，帮助你在不同的内容领域更好地工作。

调整、合理便利以及适当改动（Adaptations，Accommodations and Modifications）[①]

以下内容引自科罗拉多州科罗拉多斯普林斯市的匹克家长中心（未注明日期），谈的就是适当改动与合理便利之间的差异。合理便利和适当改动都是为了顺应学生需求针对环境、课程、教学或者评估做出的调整，目的是使残障学生在学习方面取得进步，与其他学生一起积极地参与普通教育课堂以及学校的各种活动。

提供合理便利指的是改变学生获取各种信息、呈现学习成果的途径。提供合理便利不会大幅度地改变学习难度、内容或者考核标准。为了给学生提供合理便利所做的改变，其目的在于让残障学生和其他学生一样获得学习机会，还有同等的机会去呈现自己学到的东西和能做的事情。提供合理便利包括改变教学内容的呈现方式、学生回应方式和程序、教学方法、教学时长和日程安排、教学环境、设备、结构等。

而改动指的是要求学生所学的东西发生了变化。这些变化是为了让学生有机会以有意义、有成就的方式和同学一起参与课堂和校园活动。改动包括在学习难度、内容以及考核标准方面所做的改变。对于有些学生，在某些内容上做出改动是有必要的，但是不合适的改动对于学生的教育也是有害的。例如，表6.2中就列出了十大有害的改动，这些都是我们亲眼所见，深感痛心。

表格后列出了合理便利与适当改动的具体例子，都可以应用到普通教育课堂上。制订个别化教育计划的团队成员需要判断应该为学生提供哪些合理便利、在哪些方面做出改动，以便满足学生的个别化需求。

[①] 译注：在本书里，根据作者的解释，将Adaptations，Accommodations and Modifications分别译为调整、合理便利以及改动。在《做·看·听·说（第2版）》一书中，对作为术语的这几个词有更为详细的区分，但是在当时，国内对accommodation并没有比较正式的翻译，这几个词分别译为"顺应、调适、调整"（详见《做·看·听·说（第2版）》178页）。

表 6.2　十大有害的改动

序号	改动
10	七年级教室里，所有学生都在做数学作业，只有一名学生在用芝麻街积木数数。
9	全班都在看视频，但是一位盲人学生因为看不见被送出了教室。
8	教室里的课桌都是按五人一组摆放，但有一个学生所在的小组只有两张课桌，一张给他，另一张给他的助教老师。
7	高中，全班的作业都是写一篇报告讲营养，只有一名学生拿到的作业是一个装了豆子和大米的桶，美其名曰让他（她）"探索"。
6	四年级教室，全班学生都在做用形容词扩充句子的作业，但是有一名学生没有上这节课，因为言语治疗师还没把形容词写进这名学生的沟通板上。
5	全班都在默读，特教老师却把一名学生带到教室后面学怎么扣扣子。
4	因为一名学生的个别化教育计划中有一个目标是学会穿衣穿鞋，所以为体育课做准备的时候她得穿两次鞋来多做练习。
3	老师在朗读课文，可是一名学生在听音乐，因为她还不认字。
2	一名学生需要使用辅助沟通设备，只有在语言艺术课上才有专人帮他（她）使用这个设备。
1	一名 12 岁的学生和二年级学生一起上体育课，因为他的大肌肉运动技能"就是二年级孩子的水平"。

合理便利

· 以口试形式参加考试

· 大字课本

· 考试延时

· 柜子配备（方便开启的）特质锁具

· 笔记本或者日志记录等家校沟通工具，每周沟通使用

· 同伴支持：同学帮忙记笔记

· 实验任务单，重点标注操作说明

· 有助于整理和列出数学题的方格纸

· 上课录音

· 用电脑打字代替手写字改动

适当改动

· 写大作业时，不写全文，只写大纲

· 考试的时候可以使用图形作为沟通符号

· 使用同一主题或课题的书或者材料代替原有教学材料

- 使用计算机拼写检查程序来辅助学生拼写单词
- 为学生提供词库辅助其答题
- 数学考试期间使用计算器
- 用电影或者视频代替课本
- 把问题用简单的措辞重复一遍
- 用大作业代替书面报告
- 重点标注重要单词和词组①

判断需要为学生提供哪些合理便利、做出哪些改动,这个过程取决于要让学生完成什么任务、学生有哪些特殊需求。图6.6中提供了一个四步流程,你和你的教育团队可以按照这个流程设计适合学生需求的调整与支持,帮助学生积极融入普通教育课堂,提高自己的能力水平。这个流程的第一步是提出一些引导性的问题,促进你和教育团队其他成员之间展开对话、解决问题。

第1步:学生与环境

学生有哪些长处、能力、需求,最迫切需要达到的目标是什么?
有助于达到这些目标的具体融合环境是什么样的?

第2步:差距根源分析

在这个环境中需要安排哪些活动、用到哪些技能?学生在这个环境中表现如何?学生的表现离目标还有多少差距?这些差距的根源可能是什么?

第3步:不同干预措施

直接指导。   在教学方面顺应学生   使用辅助技术。   免去这项任务。
             需求做出调整。

第4步:实施与评估

采取这些措施之后,为了让学生更加进步、提高其独立性,应该怎样做出改动、调整,或者慢慢撤出这些辅助或支持?

图6.6 顺应学生需求、做出适当调整的流程

---

① 译注:严格来讲这一措施并不是适当改动,这是合理便利,在《融合教育助理教师手册》一书中作者对此进行了修正。

作为一名教师，你应该在学生在校期间为其提供合理便利、做出适当改动。不过，你也不一定是直接提供这些合理便利或者做出改动的第一责任人，因此，教育团队应该就学生的技能、长处、需求以及必需的辅助展开对话，这是这项工作的关键环节。例如，你可以就某一节课需要做出的改动做一个整体计划，然后负责这名学生的助理教师和作业治疗师就可以执行该计划。普校教师和特教老师都可以负责设计和执行这些计划，还可以评估这些计划是否有效（即评估学生是否有更多的机会提高自己的能力和独立性，是否有更多的机会与同伴互动）。如果我们为了顺应学生的需求为其提供合理便利、做出适当调整，那么所有的学生都可以有机会以有意义的方式学习普通教育课程（匹克家长中心，未注明日期）。

一般性策略

为学生提供学业上的支持，可以考虑使用下列策略：对学生期望值高一些、着眼于学生能做的事情、征求学生意见、把任务分解成多个小步骤、给学生更多时间。

期望值高一些

学生有残障，并不意味着他（她）不能像别人一样完成作业和任务。想要改动给学生布置的任务，要先问问自己是否真的有这个必要。很多时候，教育专业人员为学生所做的改动过多，或者对有同样残障的所有学生直接使用同一套改动计划。有些时候，老师最该为学生做的，不是改变自己的期望值，而是改变辅助的种类和力度。

着眼于学生能做的事情

备课的时候总想着学生这也做不到那也做不到，教师很容易就垂头丧气了。例如，有位名叫史蒂文的三年级学生，患有唐氏综合征，在考虑为他提供支持的时候，很容易就想到"他不认字，我该怎么帮他理解这一章里有关科学的那部分内容呢？"这个时候换个角度思考一下，问问自己这名学生能做什么，这样可能会有帮助。着眼于学生能做什么，而不是盯着他（她）不能做什么，拿史蒂文的例子来说，可以这么想："史蒂文很擅长跟人打交道啊，他理解大的概念也没什么问题，画自己认识的东西也画得很好，还能标出各个部分的名称，也能回答问题。"

如果老师把关注点放在听人说话、社交互动、理解主要意思等他能做的事情上，那么课程设计就容易多了。在其他同学默读科学教材的时候，可以安排史蒂文的同桌朗读。每学完一小节，就让他和同桌就这一小节说点什么。史蒂文听同桌朗读的时候还可以把他理解的主要意思画出来。两个人还可以就这一节的内容和他画的画互相提问。这个办法对史蒂文和同桌都很有用，老师决定以后再教这种课文的时候就让全班都朗读。

征求学生意见

如果你不确定到底怎么和学生打交道、怎么教、怎么提供支持最好,那也不必自己苦思冥想。如果你不确定哪种做法最有效,那就征求一下学生的意见。可以这样问:"上这节课的时候,你是想把这五大主题一一写出来呢,还是想说出来让别人写呢?"也可以这样问:"这节课讲因子,你想用作业单吗,还是试试不用也可以?"

分解任务

对于有些学生来说,把任务分解成一个个小步骤,这种办法可能比较有用。例如,有一名学生,自习的时候必须得贴一个待办事项清单在课桌上。于是,特教老师就会把需要完成的大作业写下来,学生自己做完哪项就划掉哪项。如果你教的学生不认字,那就可以用图片的形式做这个清单,学生完成哪项就划掉哪项的图片。

延长时间

如果多给点时间,很多学生都能像其他人一样完成作业任务。在这种情况下,逐渐增加分配给某些任务的时间可能会有些帮助。另外,如果其他学生考试用时一个小时,你可以让特殊需要学生分段考试,第一天考半小时,第二天再考半小时。

在教学方面如何顺应学生需求,做出适当调整

事实证明,为了让学生取得进步,在教学方面做一点小小的改变是很有必要的。对教学材料或者教学方法做一点改变,就能让很多学生得到他们需要的支持。

改变教学材料

有些时候,学生需要的不过就是换一种教学材料罢了。比如换一种写字工具,改变写字用纸的大小或者类型,换个座位,对学生来说可能就会产生根本性的影响。例如,有位名叫布雷特的学生,每次让他写字的时候,他都把头埋在桌上,或者生气地把铅笔折断。为他提供支持的教师团队、治疗师和助理教师一起讨论了这个现象,分析可能是什么原因导致这种行为,团队应该怎么做才能让他觉得写字是件好玩的事。经过讨论,作业治疗师建议让所有学生都选择自己想用的写字工具和纸张大小。听说可以选择之后,布雷特选了一支黑色毡头笔和半张纸。不知道为什么,这种改变对他很有用,比起以前,他写字能坚持更长时间。后来他解释说自己看到"一整张白纸"就会很紧张,而且也讨厌"那种铅笔在纸上写字的声音"。

每一页上不要有太多内容

有些学生不喜欢一次性看到太多信息,所以页面安排上要干净整洁,不要有分散

注意力的东西。例如，留出足够的空白可以让这个作业看起来不那么难完成。这种改动是很容易做到的，把作业分段复印在几张纸上就可以了。除此之外，也可以用修正带遮盖掉某些让人分心的内容或者图片。这样复印以后，学生就不会受到那么多信息的干扰了。使用索引卡或者单词窗（即一张纸板，上面有一个用玻璃纸覆盖的长方形小窗口，让学生一次只看到一行字或者一个单词），也可以让学生在自主阅读时不会看到太多信息。

具体化

很多学生都需要具体的例子，这些可以通过图片或者视频加以展现，这样有助于他们理解课上学习的抽象概念。请团队成员去学校图书馆和网上搜索一些图片和视频来为学生提供支持，这种办法比较有用。老师还可以在微课和教学中心中使用这些辅助工具。使用视觉支持，不但能让残障学生受益，也能让班上所有学生都受益。

课前教学

在课前针对相关词汇或者主要概念进行课前教学，这对很多学生来说都很有用。所谓课前教学，就是要在正式教给班上其他同学之前就教给特殊需要学生。可以先给这名学生讲某个概念、术语或者理念，之后再给其他学生讲。例如，班上学生准备做磁铁实验，特教老师就先给布雷特解释一些重要的科学词汇，这样他到了实验室的时候就能理解"吸引"和"排斥"这种术语。因此，他来到课堂就有心理准备，会更有自信。

帮助所有学生学习整理技能

不管是残障学生还是普通学生，不会整理东西的情况都很常见。给七年级学生上课，每节课下课时都让学生检查活页夹，保证离开教室的时候所有的笔记都放在对应颜色的位置，这种做法很有帮助。就拿我们观察到的一个例子来说吧，亚当一直都很难把自己的东西整理得井井有条，上面提到的这种检查不但对他有帮助，对其他很多需要类似辅助的人都有帮助。我们还知道有一个教学团队做了一个清单，上面列出了学生每天要带回家的所有东西。随便哪个学生都可以使用这些清单。

在环境方面如何顺应学生需求，做出适当调整

针对教室环境做出一些改变，就可能帮助学生顺利完成学习任务。

利用运动

绝大部分学生需要时不时地动一动身体。让学生记忆互不相关的概念或者片段性

的信息时，可以使用视觉提示、提示标志或者让他们动起来。让学生动起来，或者使用视觉提示，可以帮到很多在记忆方面有困难的学生。让学生自己想出一些动作，配上某些单词的意思。例如，有位教六年级学生的老师，让班上学生做"拼读操"。拼读单词的时候，如果字母"个子高"（比如 t、l、b），学生就要站得高高的，还要把手举起来。如果字母"个子矮"（比如 o、e、a），学生就把手放在屁股后面。如果字母是"挂着的"（比如 p、g、q），学生就弯下腰摸自己的脚指头。举个例子，拼读"stop"这个词的时候，学生先把手放在屁股后面，然后举得高高的，之后再放在屁股后面，最后弯下腰摸脚指头。这个例子之所以非常有效，就是因为这里的动作都是有意义的，与学习内容相关联。

利用计时器

有些学生需要知道完成任务需要花多长时间，或者需要提高时间管理能力，对于这样的学生来说，使用计时器就很有用。对于有些学生来说，视觉模拟计时器或者能让人看出来还剩多长时间的计时器①尤其有用。

利用吸引学生的衔接活动

学生在集体生活中开怀大笑的时候、和同学融洽相处的时候会更加投入课堂活动，所有学生都是这样。可是，国家标准的要求摆在那儿，要把游戏融入班级生活确实不太容易。不过我们还是建议你多花点心思，想想有没有可用的衔接活动。两项教学活动之间的衔接过渡时期，是把运动、音乐、互动和说唱带进教室的好时机。表 6.3 中列出了一些活动建议，都非常有吸引力，你可以试试。下次开会的时候，与融合教育团队一起集思广益，想想还有哪些有意思的衔接活动能让学生互动。

> "伊奇正上幼儿园。在教室里，每次一项活动结束，开始下一项的时候，他就会大发脾气。因为他很难接受活动转换，老师就提议使用计时器来提醒他要进行下一项活动了。我给了他一块旧的田径计时器，告诉他让他来负责通知同学们什么时候该打扫卫生了。用计时器练了一次之后，他就非常认真地担起了这个责任。他会在各个小组之间走来走去，提醒同学们：'还剩 5 分钟就该打扫卫生啦……还剩 4 分钟……3 分钟啦。'他就这样一直提醒着朋友们，直到时间到了为止。这个时候他就会喊：'同学们，该打扫教室啦！'简直是天翻地覆的变化！"
>
> ——莎伦（普校教师）

---

① 译注：就是普通的倒计时器，厨房用的那种就可以。

表 6.3　吸引学生的衔接活动

运动
开始上课或者活动的时候，以有趣或者幽默的方式进入到上课或者活动空间（试试螃蟹走或者倒退走）。 　　花 45 秒的时间开个小舞会。 　　打响指（可以反复——再像指挥表示演奏结束那样用一个动作表示所有人立即停止）。 　　拍巴掌（开始的时候慢，让全班都跟着一起拍，越拍越快——再像指挥表示演奏结束那样用一个动作表示所有人立即停止）。 　　宣布来个"45 秒挑战"，做开合跳，做个瑜伽树式动作或者其他体育活动。带着学生假装放烟花（双手摩擦，嘴里发出"嘶嘶嘶"的声音，然后拍拍手说"哇哦"）。 　　掀房盖！（说"掀房盖"，然后让学生排成一排，举起手臂，手心朝上，连续三次。）表演一个空手道的掌劈动作（一边做一边大声喊出来，这样更好玩儿！）。 　　花 5 分钟时间，做个全身伸展运动。 　　组织一个边走边聊的活动（给全班同学布置一个与教学内容相关的问题，设置一个计时器，让他们在外面散步 4 分钟，期间讨论应该怎么回答这个问题）。

音乐
播放一首歌的一小段，比如鲍勃·马利演唱的"起来，站起来"副歌部分，用来提示学生新的任务或活动要开始了。 　　利用乐器来表示要换下一项活动了——拍一下手鼓可以表示"不许动！"，摇一下摇铃可以表示"开始动！"重复敲击可以表示"开步走！"。 　　事先教学生一段特定节奏。准备换下一项活动的时候，就按这个节奏拍手，让学生接着拍。 　　与音乐老师合作。学会学生一起唱的歌曲或者旋律。上一项活动收尾，准备换下一项活动的时候就唱这首歌。

计时器
在智慧黑板上设置一个视觉模拟计时器，提醒学生什么时候应该做好准备。我们推荐一个叫 Time Timer 的计时器应用程序。 　　使用蛋形计时器。

一唱一和（记住，这些"唱""和"可以由老师领着学生做，也可以指定学生带领其他学生一起做）
唱："托茜糖！①" 　　和："棒棒糖！" 　　唱："我们一直在聊天！" 　　和："我们现在不聊啦！" 　　唱："我们想要干什么？"

---

　　①　译注：托茜是一个棒棒糖品牌，此处在实践中可以改成国内比较知名的糖果品牌（例如，唱"大白兔！"，和"牛奶糖！"）。

和："我们想要学数学/我们想要读课文/我们想要学政治/我们想要下课啦！（随便什么都行！）"
唱："我们什么时候要？"
和："我们就想现在要！"
唱："准备好了吗？"
和："准备好了呀！"
唱："所有人！"
和："听着呢！"
唱："所有人，所有人，所有人！"
和："听着呢，听着呢，听着呢！"
唱："大家注意啦！"
和："我们注意啦！"
唱："Gaga，比伯、德雷克"（此处可以根据学生的年龄和喜好换成不同的明星名字）
和："哎呀哎呀哎呀呀！"
唱："看我现在……"
和："有多嗨！"（停住，保持一个滑稽的姿态）
唱："吧嗒吧嗒吧！"
和："我喜欢＿＿＿＿＿＿"（在空格处填上某个科目或者某项任务）
唱："准备好了吗？"
和："这还用说嘛！"
唱："A，B，C！"
和："1、2、3！"
唱："Holy Moly！"
和："Guacamole！①"
唱："说呀说呀说！"
和："不准再顶嘴！"

说唱②

"迪斯科"节奏："That's the way, uh huh, uh huh, I like it, uh huh, uh huh！"
"啦啦啦"节奏："Na na naaa na, heyy heyyy hey, goo-ood job！"
"过山车"节奏：（越来越快）"Click, click. Yeeeehaw！"
"Hocus pocus, everybody focus！"
"Macaroni and cheese, everybody freeze！"
"Peanut butter, jelly time
Peanut butter, jelly time
Peanut butter jelly, peanut butter jelly, peanut butter jelly..."
"Chicka chicka, boom boom！"

---

① 译注：Holy Moly Guacamole 是一道常见的墨西哥菜，此处在实践中可以换成中国人熟悉的菜，比如：唱"宫保"，和"鸡丁"；唱"麻婆"，和"豆腐"；唱"鱼香"，和"肉丝"；唱"宫廷玉液酒"，和"一百八一杯"。

② 译注：在实践中此处可以换成国内比较熟悉的说唱词。

利用锚点活动

在开展差异教学的融合教育课堂上,学生完成作业的速度常常是不一样的。锚点活动,指的是某些任务,学生做完指定作业之后或者在某项活动或课程开始之前还有点时间的情况下知道自己可以做这些任务。和个别学生或者小组展开讨论的时候,教师也可以利用锚点活动让其他同学有事可做。但是,锚点活动不是用来打发时间的事情,也不是让人瞎忙,这类活动一定是有意义的、结构化的,与学生的学习密切相关,而且要给学生解释清楚,足以让他们自主进行。图 6.7 中列出了一些很吸引人的锚点活动,供你借鉴,不过我们建议你与自己的学生和团队一起集思广益,为融合课堂设计更有意思的锚点活动。

提供支持

如何提供支持,这是帮助学生取得进步的关键因素。学生有没有可能提高独立性,或者有没有可能与同学互相帮助,取决于我们为其提供什么类型的支持、支持力度如何。

支持不是直接就给

不要先入为主,认为学生肯定需要帮助。如果学生碰到困难,首先鼓励他(她)向同学请求帮助。有些我们认识的老师贯彻的原则是"向三位同学求助之后,(还没有解决)再来问我",这样可以鼓励同伴支持,还可以促进同学之间的互动。还有一位我认识的老师是指定几位学生,特殊需要学生碰到困难的时候,这几位学生就会说"来问我"。不管什么作业,这几位学生那里总有书面说明,不管谁碰到困难,都可以找他们求助。还有一个办法,就是观察学生是否遇到困难,问问"我帮你开个头啊?"之后再提供支持。如果学生说"不用",那就尊重他(她)的意愿。

无声的支持

接受辅助服务并不总是一件让人舒服的事情,而且还有可能分散其他学生的注意力。因此,学生正在专注学习的时候,要把声音放低些。或者考虑一下为学生提供无声的支持。例如,写张纸条或者用手指一下。或者公开不指名地说,不特别针对某位学生,这种办法不但能让你班上的特殊需要学生受益,还能为其他学生提供需要的支持。

锚点活动：
　　锚点活动的目的是为学生提供有意思、有意义的途径，以自主学习的方式基于当前学习内容进行扩充和拓展。

- 用思维导图梳理所学内容。
- 让学生使用电脑做一些（与课程相关的）活动。
- 使用计算机软件编个故事。
- 默读与教学内容相关的东西。
- 做个活动箱①。
- 继续完成正在进行的项目（比如写广告、博客、宣传册，做视频）。
- 利用学习/兴趣中心。
- 写一个故事。
- 创作一个戏剧或者小品。
- 做词汇练习。
- 给课文配插画。
- 建个听力练习站。
- 绘制或创作一幅数字漫画（与课程相关）。
- 写谜语或者解谜语。
- 出几道数学题作为作业或者考试题。
- 为本单元复习活动做一个文件夹。
- 写歌或者歌谣来帮助回顾所学内容。
- 建个小型实验室科学中心。
- 做一个小实验。
- 写个脑筋急转弯问题。
- 做个思维导图/思维网图来解释一个复杂的概念。
- 为班级设计一个微课。
- 写日记。
- 给某位作家/历史人物/科学家/数学家写封信。
- 研究历史人物/政治家/作家或者其他相关人士，并为全班或者在班级网站上制作一段简短的数字化演示介绍这些人。

图 6.7　锚点活动

同伴支持

　　同伴支持是为学生提供支持最好的方式。为了营造一种支持性的班级氛围，你可以向所有学生解释，他们的任务就是互相帮助。不过，同伴支持还有更为具体的用处，比如开展合作学习，指的是学生组成学习小组或者搭伴一起学习，还有轮换同伴教练模式，指的是学生根据自己在不同学科领域或技能方面的掌握情况轮流做同伴导师，

---

① 译注：在箱子里放上不同活动需要的材料供学生选择。

或者实行跨年龄同伴教练模式，指的是大一点的学生指导小一点的学生或者与他们一起合作。同学们还可以通过下列方式为特殊需要学生提供支持：与特殊需要学生一起复习课堂内容、理解指导说明或者完成作业任务；给特殊需要学生朗读教学材料；提供身体上的支持；或者帮助特殊需要同学整理东西。要在教室里利用同伴支持，有数不清的方式，但是，在这方面谨慎一点还是有必要的。不要搞成一种"单向帮助关系"——比如索尼娅总是帮助约瑟。要鼓励学生互相帮助。想想有没有什么时候，约瑟也能帮助索尼娅和其他同学。

针对不同内容的支持策略

针对不同类型的内容和活动，也有不同的办法根据学生需求做出一些改动，表6.4和表6.5对此进行了详细介绍。

记住，你要负责的是根据学生的需求为其提供合理便利或者做出适当改动，你应该了解很多不同类型的改动，也了解怎么充分利用这些办法帮助那些需要支持的学生。如果你想要尝试表6.4和表6.5中的某些办法，那就与团队成员一起讨论，看看这个办法是否可能奏效。如果打算用这个办法，那就讨论一下怎么用、什么时候用，以及什么时候慢慢撤出辅助。

针对不同内容的常见活动

在不同的内容领域，为学生提供的支持看起来可能迥乎不同。有时候，负责不同内容领域的都是不一样的老师，这就导致不同的老师对学生有不同的期望和要求。有些学生喜欢某些科目，在这些科目上表现就要好一些。例如，里基喜欢音乐，所以上音乐课的时候几乎不需要什么支持资源。他会自己进入音乐教室，收拾好自己的活页夹和乐器，做好上课准备。可是科学课上就需要更多的支持才能进入状态，他好像不喜欢上课的老师，也不喜欢这个科目。学生在不同的课上需要的支持看起来可能完全不同，不过老师还是可以在不同的学科领域开展相似的活动。

表6.5列出了在不同学科领域都可以开展的活动。老师每天都可以安排学生去做表中的这些事情，多少都行。但是，学生不一样，在这些活动中遇到的困难可能也不一样，原因也各不相同。表6.5右侧列出了一些需要考虑的因素，对于能力各异的学生都会有帮助。

辅助技术

辅助技术指的是可以帮助残障人士实现功能的任何一种技术，如果没有这些技术，他们可能很难实现或者根本不可能实现这些功能。

表6.4 针对具体内容所做的改动

这个科目要学的内容	可以考虑以如下方式提供合理便利
阅读/语言艺术	听有声书 和同学一起阅读 用单词窗辅助阅读 戴上耳机在电脑上听读 和同学一起学习，让同学总结 使用大字课本 使用闭路电视——可以将播放视频中的字幕放大 把课文故事用简单的措辞重写一遍 使用重复课文的课本
数学	提供计算器 使用触觉数学（每个数字都对应相应的点数） 使用图表 使用数轴 使用闪卡 使用计数贴纸 使用教具（比如塑料积木、计数片） 对作业单进行改动，让上面的数字比较容易识别 使用图片或者视觉辅助工具 使用大一点的塑料积木 使用带方格的纸便于竖式计算 使用有声计算器小程序 用数字骰子代替点骰子 应用题——把学生名字编到题中
体育	使用不同大小的运动器材 安静的活动（适合对噪音敏感的学生） 让学生自己选择项目 改变运动场地大小

(续表)

这个科目要学的内容	可以考虑以如下方式提供合理便利
艺术	选择不同的材料 大一点/小一点的材料 斜坡板 提前裁好的材料 使用模板模具 准备工作服和有口袋的围裙 为不喜欢弄脏手的孩子准备手套 使用彩色蜡条（Wikki Stix）① 把做事的具体步骤张贴出来 改装剪刀
科学	学生亲身实践 教师演示 角色扮演 邀请嘉宾讲座 把做事的具体步骤张贴出来
社会学	荧光记号笔或者彩色胶带 以某种方式将学习内容与自己联系起来 使用视频 使用视觉辅助工具 使用地图 写一张任务卡（卡片上写上做事的具体步骤）
音乐	使用学生母语演唱的歌曲 使用乐器 边唱边打手势拍出节奏 可以带回家听的音乐音频 可以看的音乐视频

---

① 编注：彩色蜡条，一种手工玩具，实物是一种细长条的蜡条，可弯曲、剪裁，做成不同的形状，与国内比较流行的手工"扭扭棒"相似，只是材质不同。

表 6.5　常见的活动以及可以提供的支持

要求学生进行的活动	考虑为学生提供的支持
安坐静听	视觉提示 在适当的时候安排运动 无线调频扩音器（放大教师声音） 地毯或垫子，让学生明白应该坐在哪里 用来标记谁在说话的物品（比如发言棒①） 可以坐的球 自己决定坐在哪里 让学生拿在手里或者把玩的、帮助其集中注意力的东西② 给出要注意听讲的信号 给学生一本老师正在念的书 话题包——装有与学习内容相关的东西 让学生负责某些事（比如帮助同学、在黑板上写点什么）
口头表达	自己选择必要的支持 提词卡 视觉提示 分发讲义 录音机 视频 麦克风 幻灯片（PowerPoint） 预编程的辅助沟通设备
考试	复习考试应对策略 复习所学内容 模拟考试 双倍行距考卷 简单题在前 安排专人为学生读考卷；读卷器 选择题，去掉一到两个选项，降低选择难度 配对题，一列行数太多的话，分成几小段 电脑 需要多长时间就给多长时间 口试 根据表现给成绩 可以画画或者标记 考题使用简单措辞

---

① 译注："发言棒"既可以是玩具，也可以是任何物品，使用规则一般是拿到该物品的人才能发言，这样可以帮助学生分清自己该不该发言、此时应该听谁发言。

② 译注：有些注意缺陷多动障碍的孩子手里就是要拿着东西或者动来动去才能集中注意力。

(续表)

要求学生进行的活动	考虑为学生提供的支持
完成作业单	提供词库 明确要求 在文件夹上贴上便利贴，让学生在上面写答案 将作业要求的重点标记出来 减少问题数量 让学生自己选择写字工具
讨论	用来标记谁在说话的物品 提词卡 同伴支持 预编程的辅助沟通设备，上面显示要问的问题 在纸上写下想法或者概念 让学生自己选择以何种形式参与讨论 给学生一份同学们正在讨论的课文材料 在课文上标记重点内容——让学生读、其他学生讨论
记笔记	提供讲座提纲，让学生在讲座期间补充完整 图表 思维导图 老师提前做的笔记 特制键盘 让学生自己选择以何种方式记笔记 老师笔记的复印件，但去掉其中的关键词，让学生补充 带图片的讲座笔记 其他同学笔记的复印件或者复写件 笔记本电脑
使用电脑	任务卡，提示如何开始 改装键盘 放大字体 IntelliKeys（一种特制键盘） 设置鼠标延迟反应时间 按字母顺序排序的键盘 大键键盘 让学生自己选择要做什么

(续表)

要求学生进行的活动	考虑为学生提供的支持
读课文	有声书 大字文本 荧光记号笔 齐声朗读 课文背景信息 列出要点 把问题写在便利贴上 "难度刚刚好的书" 玩偶 阅读灯 让学生自己选择读什么
整理东西，提高条理性	不同颜色标记的活页夹 计划本（或者用于制订计划的应用程序） 把日程安排写在黑板上 把作业写在黑板固定位置 已经打了三个孔①的作业单 用图片做的日程表 便利贴，写上要做的事情，贴在课桌上 作业夹 检查课桌 课桌上放闹钟或计时器 口述活动日程安排 学习或生活规律尽量不变
写字	写之前可以告诉朋友自己想写什么 小组讨论 思维导图 记要点 握笔器 学生可以说给成年人或同学听，让他们写出来 描红字帖本 可以贴在空白处的便利贴 可以用画画代替写字 带有凸起横格的纸——学生能够感觉到凸起的横线

---

① 译注：打孔是为了方便放入活页夹。

特殊教育辅助技术指的是使儿童从特殊教育或相关服务中获益，或者使儿童在限制最少的环境中接受教育所必需的任何设备或服务（IDEA 2004，34 C.F.R. §300.308）。

根据2004修订的《残疾人教育促进法》，"辅助技术设备"这个术语指的是"无论是现成售卖的，还是改制或定制的，用于增加、维持或改善残障儿童实现正常功能的任何物品、设备或产品系统"（20 U.S.C. §1401[a][25]）。

辅助技术服务这一术语指的是直接帮助残障儿童选择、获取或使用辅助技术设备的服务，包括以下服务项目：

- 对残障儿童的需求进行评估，包括对儿童在其所习惯的环境中的功能水平进行评估；
- 以购买、租赁或其他方式为残障儿童提供辅助技术设备；
- 选择、设计、安装、定制、调整、应用、维护、修理或更换辅助技术设备；
- 协调和使用其他疗法、干预措施或者利用辅助技术设备的服务，如与现有教育和康复计划及项目相关的服务；
- 为残障儿童提供培训或技术援助，如有需要，为残障儿童的家庭提供培训或技术援助；
- 为专业人士（包括为残障儿童提供教育或康复服务的个人）、雇主或其他为残障人士提供服务、雇用残障人士或与残障人士主要生活功能密切相关的个人提供培训或技术援助。（IDEA 2004，20 U.S.C. §1401[a][26]）

辅助技术包括移动辅助设备（如助行器或轮椅）、软件、特制大键键盘、让失明学生也能使用电脑的软件或者让失聪学生也能通过电话交谈的文本电话。写字需要精细动作技能，在这方面有困难的学生可以使用 AlphaSmart 特制键盘。在沟通方面有困难的学生可以将自己的想法输入电脑，电脑会念出这些想法，或者也可以使用带有 Proloquo2Go 应用程序的平板电脑。

如果你的学生需要使用某种辅助技术，你和你的团队应该尽可能多地了解这种技术。如果可能的话，应该接受专门针对该技术的培训，以便帮助学生使用该设备，对其进行输入，或者在必要时对其进行修复[①]。

---

① 编注：关注"华夏特教"公众号，获取本章提及的部分辅助技术资源。

便利贴的 21 种用法

有位老师每天都在便利贴上给学生写一句鼓励的话,让学生带回家和父母一起看。写这些便利贴的目的就是给出对学生的正面评价,让学生感觉自己在校表现很好。便利贴的用法实在是花样繁多,尤其是用来为学生提供学业支持的时候。表 6.6 列出了便利贴的 21 种用法。

表 6.6　便利贴的 21 种用法

记录个人日程安排
记录待办事项
给学生写一句鼓励的话,随身携带
标记页码
写上阅读指南
标记重点段落
贴在指示说明下面
贴在学生看的书上,上面写好给学生准备的问题
写上行为规范作为提醒
记录举手次数(每次学生举手回答问题都记录下来)
遮挡作业单上的某些地方
提供词库,用来提词(这样学生就不用自己想应该用什么词了,从词库里选词就行)
有些学生总有话说,嘟嘟囔囔说个不停——让他们把问题写在便利贴上,然后从中挑一两个来回答
想到什么随时记下来
让学生就同学的大作业或者论文给出反馈
标记图表中的重点部分
做个配对游戏
给学生分组
让学生写下问题或意见,然后交给老师,作为离校出门条
向同学提问,比如"你想和我一起吃午饭吗?"
总结一节课、一个故事或者一项活动的主题

有关学业支持的常见问题:

问:有一次我教学生的时候,这名学生对我说"走开",但我不能就让他自己在那儿干坐着,我该怎么办呢?

答:耐心听听学生的想法。如果学生要求你不要教他(她),那就暂时不要为他(她)提供辅助。仔细想想有什么办法既不靠他(她)太近,又可以为他(她)提供辅助。本章列出的一些办法对你可能有帮助。

问：每次听到指令的时候，学生就会喊我，让我过去帮忙。我想慢慢撤出辅助，但是没有我在身边，这名学生就什么都不做。我该怎么办呢？

答： 这名学生已经太依赖成年人的辅助了。试着跟这名学生聊聊，告诉他（她）应该尝试自己做事，或者请同学帮忙。鼓励班上的学生互相帮助。跟团队成员一起讨论，看看有什么办法提高学生的独立性。采用这些办法的时候，要确保让学生感觉自己是因为能力提高了所以才会独立做事，而不是因为不够独立而受到惩罚。

本章小结

作为一名教育工作者，应该更新自己的理念，顺应学生的需求，根据这些需求考虑应该做出哪些调整并且将其付诸实践，还要设计和使用辅助技术或者数据收集程序。极为重要的是，要为自己的团队出谋划策，讨论应该为学生提供哪些合理便利、做出哪些适当改动，以便为学生在学业和社交方面的发展提供支持。教学团队成员要抽出时间开会讨论，为了让学生能够学习某些科目或者参与某些活动，应该提供何种类型的学业支持，还要讨论如何慢慢撤出辅助、如何根据不同的课程内容对教学材料和教学过程做出调整，这种讨论非常有价值。有意思的是，当团队为了某些学生做出这些改变之后，往往发现结果是针对所有学生的整体教学质量都得到了提高。本章重点是如何应用各种各样的策略为学生提供学业支持，下一章的重点是行为支持策略。

第七章

提供行为支持

普通孩子的表现也是五花八门、千奇百怪,一想到这些,贝克老师就觉得大卫好像也没那么怪。

"作为一线教师，最让我有挫败感的是学生的行为问题。就拿今天的事儿来说吧，我在上面讲怎么解一元二次方程的时候，最最担心的就是内森能不能在下面好好坐着。真的很让人头疼……教书本来就不容易……一边想着教什么，一边还得管理学生的行为……这才是让我崩溃的地方。"

——玛利亚（普校教师）

很多教师都和玛利亚一样，觉得行为管理是老师要面对的最大问题。朱莉有一次给很多老师做报告。她让这些老师列出自己看到过的最严重的问题行为。老师们想了一会儿，之后把自己写的交了上来，然后朱莉就把这些写到了图纸上。老师们提到的问题行为有骂人、打架、大喊大叫、封闭自己、一言不发、跑出房间、打人、自伤（比如咬自己的胳膊）。

朱莉又问这些老师自己有没有过这些行为。她问有没有谁曾经骂人、打架、大喊大叫、封闭自己、一言不发、跑出房间、打人、自伤，有的请举手。几乎所有人都举起了手，这个时候房间里爆发出一阵尴尬的笑声。不过，这些行为不会影响老师的形象，因为绝大部分人都有过这些所谓的问题行为或者令人担心的行为，大家都有过这种时候。接下来，朱莉又问这些老师他们的问题行为和学生的问题行为有何不同，有位老师半开玩笑地说："我发飙是真有原因的呀！"那你们猜学生发飙有没有原因呢？当然也有。

之后这些老师又回忆了自己出现问题行为的时候都需要什么。他们列出了很多：需要一个拥抱，需要走开一会儿，需要有人倾听，需要喝一杯酒，需要小睡一会儿，需要冷静一会儿，需要转移话题，需要和人说说。这份清单很不错，可以让许多出现问题行为的人冷静下来。不过，需要注意的不仅是这里提到了什么办法，还应该注意有什么办法是没提到的。没有老师提到需要贴小红花①。没有人提到自己需要有人教育，需要有人把自己带走。这些成年人和绝大多数人一样，需要帮助，需要安慰，需要冷静，需要理解。换一个角度看待问题行为，最简单的方法就是始终不要忘记学生也需要这些。

在你的工作生涯中，很有可能要和有问题行为的学生打交道。这些行为五花八门，相对来说比较温和的有逃课或封闭自己，比较严重或者外显的有和同学打架、跑出学校或自伤。本章先讨论人们面对问题行为的时候都有哪些常见反应，再概括介绍一下积极行为支持的理念。之后再提出一系列的建议，谈谈教师在学生出现问题行为之前、期间、之后分别应该怎么做。在本章结尾，依然会回答一些常见问题。

---

① 译注：原文中使用"a sticker chart"，直译的话就是"带贴纸的表格"。

面对问题行为的常见反应

新罕布什尔大学残障研究所研究员赫布·洛维特（Herb Lovett）这样形容人们面对问题行为时的典型反应：

> 面对不受欢迎的行为，我们的第一反应就是采取行动去纠正这些行为，因为在我们眼里这些行为是不可接受的、不恰当的。这种做法背后的理念是：出现问题行为的人已经失去控制了，那些负责管理他们的人——控制他们的人——有责任重新控制他们，为了达到这个目的，他们应该使用专门设计的某些方法和技巧。（1996，p136）

这种反应的主要问题是，如果选中的控制方法不起作用，教师往往会感到很挫败，接下来就会使用更具惩罚性的方法去重获控制。这种做法往往适得其反，而且，由于需要控制和纠正学生，教师经常人为地制造巨大的障碍，这些障碍让他们与自己本该支持和教导的人越来越疏远（Lovett，1996）。这种思维方式暴露了对于问题行为的消极态度：这个学生是不是有什么问题？而积极态度应该是"我该怎样才能与学生建立连接或者更有效地为其提供支持？"表7.1就如何为出现问题行为的学生提供支持给出了一些建议。

如果教师秉持的是人本主义行为支持理念，他（她）就不会责怪学生。相反，他们会对课程、环境和社交空间开展批判性的反思，让自己更深入地了解问题行为。本章提出了一些想法和建议，可以让教师面对问题行为时不会再有开头所说的那种典型反应，而是使用更人性化的方法为学生提供支持。

积极行为支持策略

"一直以来，针对残障人士的行为管理都是比较死板甚至是相当恶劣的"，而积极行为支持已经完全不是这样了（Bambara, Janney, & Snell, 2015, p.4）。积极行为支持"强调团队合作，强调解决问题，在这个过程中，设计各种支持计划以及干预措施，其目的是通过提供有效的教育计划、打造支持性环境来预防和纠正问题行为"（Bambara, Janney, & Snell, 2015, p.5）。行为是一种沟通形式，教育工作者应该抱着解决问题的心态来处理问题。积极行为支持的基本理论框架如下：

1. 行为是习得的，是可以改变的。
2. 干预的基础是研究行为。
3. 干预强调预防和教授新行为。

4. 被干预者本人和社会都认可干预的成果。
5. 干预需要全面、综合的支持资源。(Carr et al., 2002; Janney & Snell, 2013)

注意，应用积极行为支持策略来处理行为需要团队合作。不能指望某一个人自己就能设计积极行为支持计划并且付诸实施。不过，理解基本原则还是很重要的，因为你可能需要负责协助执行为某些学生制订的积极行为支持计划以及其他行为干预计划。

表 7.1 如何满足需求

学生出现下列行为	可以这样反应	活动举例
话多	给予说话的机会	"边走边说"游戏、"思考结对再分享"活动、辩论、"轮流说"游戏
好动	给予动的机会	站着写字、像涂鸦一样写作业、"米开朗琪罗式"写字①、开舞会、背对背游戏
总想出风头	给予出风头的机会	排队排第一；发作业；做老师的小帮手；拿教鞭
脸皮薄	社交互动中给予更多支持	加入团队之前把自己的想法写下来；"时钟搭档"游戏②
不合作	提供更多选择	自己选择写字工具；自己选择喜欢的纸张及其颜色；自己选择教具
大哭大闹	给他（她）时间等他（她）冷静下来，之后为其提供一个计划	"等你准备好了，我们再来写第一步吧。"
欺负别人	给予机会培养友谊	午餐时根据兴趣爱好分桌坐；与同学对话时提供支持
封闭自己	教他（她）如何表达不满、难过、沮丧	准备一张卡，上面写"我需要休息"；准备一块白板，把自己的感觉写在上面
发出噪音	给予机会发出噪音	给他（她）鼠标垫让他（她）拍；反复朗读同一段文字
打断别人说话	给予课堂发言机会	"轮流说"游戏；随便说点什么；社交暂停③；合作学习小组
无法在指定座位上安坐	给予机会选择最适合自己的写作业方式	使用带夹子的写字板趴在地板上写作业；使用乐谱架；躺着写字；像涂鸦一样写作业

---

① 译注："米开朗琪罗式"写字，后文中有解释，指的是把作业单粘在课桌底下，让学生仰躺着写字的方式。

② 译注：给学生发一张纸，画上时钟，让学生自己约搭档，约到以后商定一起学习、游戏的时间，并在时钟图相应的时间旁写上不同搭档的名字，通过这种方法让学生在不同的时间都有同伴，与更多的同学互动。

③ 译注：是指在工作或学习中暂时停止与他人互动，以便休息或恢复精力。

主动行为管理

只要我们做好准备，学生的大部分问题行为都是可以避免或者管理的。未雨绸缪，需要判断什么办法对学生有效。

加布有孤独症，每次日程安排发生变化的时候，他都很难接受。他需要知道什么时候会发生变化。如果日程安排出现意外变化，他就会藏在柜子里，或者走来走去，或者在房间里到处跑。为了避免这样的问题，可以帮助加布为每天的日程做好准备。教学团队的做法是每天早上都让一位同学接加布下校车，然后一起去教室，到了教室以后，就看看当天的日程安排。加布自己也有一份日程表。帮助他为一天的活动做好准备，减少他的焦虑，用这个办法是最有效的。

建立关系

洛维特（Lovett）强调了关系和连接的重要性，就行为支持来说，关系和连接比其他任何东西都重要：

对于问题行为，采取积极的应对方式会让人们建立一种关系，这种关系是大部分人都有并且也都非常看重的，那就是稳定持久、互相喜爱、互相尊重。在这样的关系里，我们都会犯错，在某些方面都有不足，但是能够维系这段关系，并不是我们做得有多好。在这样的关系里，要评估我们做得好不好是比较难的，因为关键因素不单单是数量够不够的问题，而是质量好不好的问题，这个问题更为复杂。然而我们专业人员常常忽略了人际关系的重要性。（1996，p. 137）

了解自己的学生，知道他们喜欢什么，这个办法在应对问题行为的时候真的很有用。瑙斯特（Knoster）曾经强调："想要帮助学生规范自身行为，就要与学生建立适当融洽的关系，这是必要的先决条件。"（2014，p. 25）

玛吉是一位八年级老师，她告诉我们说，自己有个学生，她真的不喜欢这名学生。她说："我想喜欢他，但是喜欢不起来，他在课堂上的表现实在让我太抓狂了。"为了了解这个学生、喜欢这个学生，我们讨论了几个办法。最后决定让她每天花2分钟的时间和这名学生聊一聊，随便聊什么都行，但不要聊表现好不好、学习怎么样。于是她想出了一大堆要聊的话题。从那以后，她每天都会坐在他旁边和他聊天，聊滑板，聊他的狗、他的兄弟、他喜欢的电影，还有他生活中的点点滴滴。她打开话题，然后就让学生聊，给学生机会，展开一场满是关爱和善意的交流。她说这是自己做过的最棒的事。"我不但喜欢跟他聊天，还意识到我真的很喜欢这个孩子！而且，这孩子也喜欢我，还向我敞开了心扉。而且他在班级的表现也比以前好多了。放学以后，他有时候还留下来问我要不要帮忙。这一路走来真不容易。而这一切都是因为我停下来倾听了孩子的心声。"

玛吉和她学生的这个例子说明，倾听可以让老师和学生之间的关系更为紧密。看起来只是小小的举动，却给了学生向老师吐露心声的机会，也给双方一个机会，让他们以积极的眼光看待彼此。要建立关系，让学生知道你信任他们，他们也可以信任你，还有很多不同的途径，比如时刻准备为学生提供帮助、和学生一起玩、了解学生的家庭生活、家访、看学生喜欢的电影、参加学生喜欢的活动、和学生聊他们的朋友以及他们喜欢的事情。接下来的章节将讨论与学生建立融洽关系的方法。

如何与学生建立融洽关系？

根据莱瑟姆（Latham, 1999）的建议，父母与孩子建立融洽关系可以分为几个步骤。这些步骤经过改动，也适用于教育工作者与学生建立融洽关系，它们是：

1. 利用适合学生年龄的身体接触（击掌、握手），面部表情（符合所处情境的性质），语调（比如声音应该与所处情境相匹配）和肢体语言（比如看起来很放松、张开双臂、神情专注、看着学生）。
2. 问一些开放式的问题（比如"你放学后要做什么？""给我讲讲那部电影呗"）。
3. 学生说话时要注意听。最好是让学生多说，老师要少说（不要打断学生，也不要转换话题）。
4. 说些表示共情的话。要表示自己理解学生、关心学生，要像镜子一样投射孩子的感受。
5. 忽略那些让人不喜欢的表现，先不要在意小问题。

教学活动要发挥学生的长处

对学生进行积极行为支持，最简单的方法就是把教学活动和学生的长处联系起来。例如，学生擅长画画，那么在社会学课上让他（她）把自己的想法画出来，他（她）就更有可能专注于教学活动，表现出正向行为。

> 迈克老师是一位普校教师，他有个学生叫亚历克斯，上课的时候老是动来动去的。迈克决定把图画纸贴在墙上，让所有学生都不用坐着上课，而是站在图画纸前拿记号笔做个头脑风暴活动。这样一来，亚历克斯比以前有进步了，其他学生好像也很喜欢这个活动。
>
> 而在这之前，亚历克斯常常出现问题行为，因为他很难老老实实地坐着。他

总是离开座位，扭来扭去。迈克觉得，亚历克斯的问题行为反映的是他的学习偏好（通过身体动觉学习），所以他才决定利用亚历克斯的长处为他提供支持。

了解和理解学生为什么会出现问题行为，有助于搞清楚他们到底需要什么。研究表明，发挥学生的长处，可以减少问题行为，让学生更专注于学习任务（Kornhaber, Fierros, & Veenema, 2004）。我们来看下面的例子：

- 如果学生不停地动来动去，是通过身体动觉学习的类型，他们在学习的时候就需要运动。举个例子，允英在学习的时候就需要不停地动。因此，老师给全班朗读课文的时候，就让允英坐在一把摇椅上。允英他们班课上开展某些活动的时候，让所有学生想怎么坐就怎么坐。
- 如果学生爱说话，是通过人际互动学习的类型，他们在学习的时候就需要更多的互动。例如，格温跟同学说话的时候学习效果最好。因此，老师布置他们写日记之前，就给她几分钟让她跟朋友聊聊自己想写什么。
- 如果学生不停地唱歌，或者是在音乐方面有天赋，他们在学校的时候就需要更多音乐。露西喜欢音乐，所以老师就在学生写作的时候放音乐。音乐能让露西注意力更集中，其他学生也喜欢听。老师还发现，如果放的音乐是拉丁节奏的，那么不同活动之间转换衔接的节奏也会快一点。
- 如果学生喜欢联系自己的生活，或者是通过认识自我来学习的类型，他们在学校的时候就需要更多的时间把所学内容与自身情况联系起来。例如，杰瑞喜欢把学到的东西和自己联系起来。因此，学习《草原上的小木屋》这个单元的时候，给他布置的作业就是分析一下里面的人物，看看哪些人物跟他相似，有哪些共同点，哪些人物跟他不同，有哪些不同点。
- 如果学生喜欢画画或者涂鸦，或者是通过探索视觉空间来学习的类型，那就可以把艺术作为学习过程的一部分。例如，罗宾喜欢画画。因此，听有关细胞分裂的微课时，他就可以画画，再把这些概念标注出来。
- 如果学生喜欢数学计算，非常讲究逻辑，就可以利用数学和逻辑帮助他学习其他科目。例如，乔治喜欢数学，但是学英语很困难。因此，教学团队让他用文氏图、时间线、图表来分析《罗密欧与朱丽叶》中的人物。这有助于他记住剧中所有人物，在讨论的时候，他把自己做的表格给其他同学看了，还帮他们记住了剧中的具体情节。

打造利于积极行为的环境

教师的职责是打造良好的学习环境，方便学生学习。有的教室人待在里面感觉动都不敢动，你去过吗？有的环境让人感觉温暖和亲切，你去过吗？有的学习环境让人一进去就想跑，你去过吗？什么样的学习环境有利于学习？如何打造更舒适的教室环境，以下是一些建议：

- 课桌摆放应该方便学生互动。把课桌围成一圈，更有可能促进互动。
- 让残障学生分散坐在不同的地方，不要把他们分在同一组。
- 打造平静放松的氛围，让学生可以自在地走动，并与他人交流。
- 把日程安排或者每日课表贴出来，这样大家都知道什么时候应该干什么。
- 在教室一角装个光线柔和的灯，这样学生就可以选择不同的亮度。
- 安排不同类型的座位（比如地垫、扶手椅、摇椅）。
- 不要让某个学生单独分开坐，这样会孤立他（她）。
- 在教室墙上贴上学生作品供大家欣赏，这样会让学生感觉这个教室是属于自己的。
- 在重要的时刻，放点轻柔的背景音乐。
- 如果想让学生坐在地板上，可以铺上柔软的地毯，让学生感觉更舒服。
- 如果学生搞不清楚个人空间的界限，那就让他们坐在地毯块上。
- 如果学生不喜欢上课突然被点到名字，那就形成某种规律，让学生可以预判老师下一个要叫他（她）了。

满足学生的需求

所有人都需要有什么东西让自己开心，这样才能有好的表现。这些东西就被称作普遍愿望（Lovett，1996）。自主、关系、互助、安全、信任、自尊、归属感、成就感、自控、交流、愉悦和快乐是所有人都需要的。帮助学生满足这些需求，才能打造让学生感到舒适安全的学习环境。反过来，学生感到舒适安全，也有助于减少他们的问题行为。

自主 自主指的是自我管理或者自己做主的权利或能力。为了让学生觉得有自主权，要给他们不同的选择，尽量让他们自己做决定。例如，让他们自己选择坐在哪里、跟谁同桌，自己选择大作业用什么材料、写什么主题、用什么写字工具写，要不要做些改动，还让他们自己选择吃什么。让学生有机会自主选择，可以提高他们做决定的能力，让他们更加独立。

关系与互助 本书专门有一章（第八章）来讲关系，这是因为关系在学生的生活中确实非常重要。应该让学生与他人发展关系，与同学建立联系。还应该为他们提供机会，让他们互相帮助。第八章提出了一些建议，通过这些办法可以推动学生发展关系、建立联系。如果这些需求没有得到满足，学生就会总想吸引彼此的注意。寻求关注，就会有很多表现：可能是拍拍打打，也可能是没完没了地缠人。也有的学生会表现得很孤僻，愿意自己一个人坐。他们可能看起来很生气，可能会通过问题行为让自己从某种情境中解脱出来。

安全与信任 想要建立一段安全、信任的关系，就得说话算数、说到做到。要让别人看到你是值得信任的，你不是来惩罚或伤害学生的。一定要信守对学生的承诺；研究表明，"许多有问题行为的人都碰到过太多没有兑现的承诺"（Pitonyak，2007，

p. 18）。一定要不断地传递这样的信息：你在这里，是为了得到他们的信任，是为了帮助和支持他们，而不是为了惩罚和管理他们。不要把学生带离学习环境。学生每次被带走，不管是因为罚时出局，还是出去待一会儿，都会向该名学生发出明确的信息："你在这里是不受欢迎的。你能不能成为这个群体的一员，取决于你的行为表现。"这就导致了一个恶性循环：学生没有归属感，就会从行为方式上表现出来；然后学生因为行为不当被带走，就会更没有归属感。

愉悦与快乐 所有学生都需要愉悦和快乐的学习环境。为学生提供支持的时候，问问自己："这名学生在教室里是不是感到愉悦和快乐？这种时候多吗？""这名学生和别人一起开怀大笑或者一起嬉戏的时候多吗？""在这个环境里，还能不能多创造些让人觉得愉悦和快乐的时刻？"想想如何回答这些问题，能不能想出有意义的方式，在教室里创造更多快乐时刻。但是，这恰恰可能是融合教育工作者忽略的部分，因为他们每天负责很多事情，每天都很忙碌。可是，这是非常重要的！愉悦与快乐的感受有助于激发学生的好奇心，发展和维系友谊，让学生更加自信，激励学生接受更大的挑战。为学生提供支持的时候，一定要记住，为他们的进步欢呼，为他们的快乐喝彩，给欢乐的笑声留出一方天地，这对他们的学习是至关重要的。

交流 所有学生都应该有权利表达自己的需求和想法。教室里，老师问了有关天气和日期的问题。有一位使用辅助沟通设备的学生按了按键，让设备替他说了："我知道怎么回答。"（老师没反应，）他又按了一次按钮，后来晨会期间他又按了三次。但是老师一直都没叫他回答。老师好像被那个设备的声音搞烦了，最后走过去把设备没收了。后来学生找到了那个设备，按了按键，让设备替他说："我很难过。"这件事说明了一个重要的问题。交流的权利不应该是费劲儿争取来的，也不应该被剥夺。任何想要交流的尝试都应该得到尊重，因为所有人的声音都需要被人听到，也值得被听到。

如果学生觉得没有人听到自己的心声，他们就会想办法用行为去表达自己的想法、情绪和需求。学生会维护自己的独立，会通过某些行为获得愉悦与快乐的感受，他们没有安全感或者需要表达什么的时候，会通过行为表现出来。有目的地创造交流机会，这对帮助学生减少问题行为非常必要。学生表达的可能是"我感觉很孤独""我没有安全感"或者"我不知道怎么才能告诉你我需要什么"。要从他们的行为中分辨出他们想要表达什么可能并不容易，但是重要的是要记住所有的行为其实都是一种交流。教育工作者的职责之一就是努力去搞清楚学生通过行为想要表达的是什么。

问问自己：学生需要什么

> "我真希望我的老师能听听我的想法。你不试试怎么知道呢？"
>
> ——奥利维亚（六年级学生）

为每一位学生制订一个计划,帮助他(她)获得更多能满足其需求的东西。例如,如果你认为学生需要更多的选择,那就应该给他(她)提供更多的选择。如果你认为学生需要更多的运动,那就在课程计划中加入运动。

我们知道这个建议与大多数行为干预体系和方案相悖。很多人都认为,如果给了学生需要的东西,他们就会变本加厉,但是事实正相反。如果你想办法满足了学生的需求,他们就不会为了得到自己想要的东西而做出不当行为(Kluth,2010;Lovett,1996;Pitonyak,2007)。换一个角度看待问题行为,想要了解更多这方面的建议,请参见表7.2。

表7.2 换一个角度思考问题行为

问题行为	盯着缺陷思考问题	换个角度思考
动个不停	朗读的时候佐伊为什么就不能老老实实地坐着呢?	我该怎么设计朗读活动,才能让佐伊可以一边四处走动一边学习呢?
说个不停	我给学生上数学课的时候利亚姆为什么总是打断我呢?	我该怎么设计课堂互动讨论活动才能让学生明白,我希望大家以有意义的方式参与课堂活动呢?
唱个不停	我都告诉米娅了,这是自主学习时间,为什么阅读工作坊的时候她还要唱歌呢?	我应该为米娅提供什么样的感官支持资源,才能让她在阅读活动中更有效率,但同时又不会打扰到集体中的其他人呢?
总是"我、我、我……"	我们都开始探究新的科学主题了,为什么詹姆斯还是没完没了地说他放学以后参加的那些活动、做的那些事情呢?	詹姆斯可以怎么分享他在科学方面的知识来激励他周围的人呢?做个"科学专家",怎么才能利用这个志向鼓励詹姆斯阅读信息型文本呢?
封闭自己	不熟悉的大人和雅茨说话时,他为什么要把脸埋起来?	我们应该怎样支持雅茨发展与陌生成年人的关系,与他们有效互动呢?
十万个为什么	阿什利为什么总是问"为什么""为什么",这不就是挑战我吗?	在学习活动中,该怎样让阿什利有机会去做研究,让他从正在研究的那些"为什么"出发,去探索更为复杂的知识呢?
不合作、爱吵嘴	在操场上自由活动的时候,以赛亚为什么经常和同学吵嘴呢?	教他哪些社交技巧才能让他有效地参与到合作学习小组的活动中呢?
逃跑	艾登为什么要尖叫着跑出教室呢?	艾登有有效的沟通系统吗?这种行为传递了什么信息?学习任务是否经过差异化设计满足了艾登的需求?

（续表）

问题行为	盯着缺陷思考问题	换个角度思考
自伤	克洛伊为什么要把手指抠到流血？为什么要做伤害自己的事？	这种行为的功能是什么？我问过克洛伊她为什么这么做吗？
粗鲁地对待工作人员	助理教师正想办法给杰克解释那些要求，杰克却打了她一巴掌，这是为什么？	助理教师是否离得太近了？在学业和社交方面提供的支持是不是太过了？我们如何渐渐撤出支持？我们怎样教杰克在需要的时候寻求帮助呢？

这里有些很棒的问题，你可以问问自己：

- 这个学生可能需要什么？
- 这个学生在学校的时候需要更多愉悦感受和快乐时光吗？
- 这个学生需要更多选择或者需要对自己的事情多些掌控吗？
- 这个学生需要更多的归属感吗？
- 这个学生需要与别人发展关系、互相帮助吗？
- 这个学生需要更多的自主权吗？
- 这个学生需要更多交流机会吗？

首先，请分析学生的需求，然后和团队一起确定可以通过什么途径满足学生的需求。

让学生自己选择形式和姿势

允许学生自己选择以何种形式完成自己的学业任务。有一名学生学习的时候很爱动，我们给她和同学们准备了那种能在玻璃上写字的马克笔，让他们写任务清单、做头脑风暴或者制订写作计划，这个办法很有效。有些学生喜欢站着写作业，让他们用可水洗记号笔或者站立式书桌。学生练习数学题或者为写作标题绞尽脑汁的时候，为他们准备那种塑料帘和白板笔，或者可以在人行道上写字的那种大粉笔，很快就能吸引他们。

还有一个办法，就是让学生自己决定以哪种姿势学习。有些作业可以允许学生涂鸦，那就让他们把纸贴在墙上，站着完成作业。有些学生喜欢趴在地板上做作业，那就给他们准备那种带夹子的写字板，让他们写得舒服一点。另外还有一种方式，我们称之为"米开朗琪罗式"，就是把作业单粘在课桌底下，让学生仰躺着写字。还可以调整课桌的高度，让学生可以站在桌子旁边完成作业。准备一个乐谱架，学生可以自己调节高度，还可以拿着到处移动，这样比较容易满足学生的喜好。还可以让学生自己选择用坐垫还是治疗球来代替椅子。舒适的沙发或阅读椅可以让学生专注更长的时间来完成任务。如果老师允许学生自己选择学习姿势，学生就可以集中注意力，好好完成学习任务。教师可以为学生提供更多选择，具体例子请参考表 7.3。

让学生成为解决问题的人

学生失控的时候，老师经常想到的就是有没有什么行为管理方案，能让学生遵守课堂规则，这样就能做些什么来扭转局面。但是科恩（Kohn）表示："对于困扰我们的事情，我们的应对方式可能反映了我们的思维方式，是对他们采取什么措施，还是与他们一起合作。"（2006，p.23）老师与学生一起合作，可以转变自己的定位，把学生当作解决问题的专家。这就需要征求学生的意见，问问他们在某些情况下需要什么才能把事情做好。允许学生自己想办法解决问题，并且把这些想法付诸实践。

表 7.3　如何为学生提供更多选择

各种分组形式：一人一组、两人一组、多人一组
记号笔或铅笔
玻璃马克笔，在桌子或玻璃上写字
电脑或笔记本电脑
小一点的纸或画图纸
站着或坐着
在地板上或者在外面草地上用带夹子的写字板
听或读
画出来或者写出来
用人行道粉笔①或者笔和纸
继续或者休息 5 分钟
使用乐谱架或者画架
"涂鸦作业"或者仰躺着写字
使用椅子或者治疗球

克服重重困难

面对问题行为的时候，学校工作人员的反应通常是让学生承担后果、警告学生要承担行为后果、取消奖励或者忽略；在某些情况下，还有可能会强制学生规范行为。强制学生规范行为可能需要接触学生身体迫使其移动，或者手把手辅助。

有一次，我们在七年级教室里看到了一场权力斗争。老师让学生坐直身子，跟上自己的指导。可是这个学生一直把头埋在课桌上。老师又把指令重复了一遍："亨特，抬起头来，跟上我。"亨特没抬头。老师警告他说："你不听我话，那你是不是想去办公室待着。"学生还是没动。她打电话到办公室，叫人来接他，把他带出了教室。那天

---

① 译注：人行道粉笔，是一种类似彩色粉笔的物质，由油漆、石膏等制成，用于在人行道或水泥上绘画。

亨特就一直没去上课，在办公室待到放学，还睡着了。

这类情况非常棘手，你可能也亲眼见过类似的情况。针对这种情况，可能没有简单的解决方案，但是教育工作者往往直接就警告和隔离学生，把这些手段当成了第一道防线。研究人员已经发现，尽管隔离这种负强化①可以使某种行为在短期内不再发生，但长远来看，这种办法既没效果，也不人道（Kohn，2006）。

让我们想出些办法倒也不难——我们以前也不是那种因为学生四处乱跑扔东西就抓狂的人。但是，我们还是希望读者自己好好想想，在上面那个例子里，老师还有没有别的办法。如果采取了下面这些行动，她和那位把头埋在课桌上的学生之间的互动会不会有所不同？

- 走到学生身边，轻轻地问他："你现在需要什么？"
- 给学生一张纸，然后说："有什么不舒服的吗？画出来给我看看。"
- 冷静地问学生要不要休息一会儿或者喝点水。
- 让学生帮自己给班级做点事。
- 给学生布置一个任务："你能帮我把这本书拿给另一位英语老师吗？"
- 换一个教学活动，让学生帮自己准备下一个活动。
- 解读学生的行为，之后说："你好点了吗？"或者说："好像有什么不妥，你能帮我搞清楚这是怎么回事吗？"

如果老师以上述任何一种举动作为对学生问题行为的回应，这名学生可能都不会在学校待一天没上课，不但浪费了学习时间，学生和老师也都遭受了损失。

阿尔菲·科恩（Alfie Kohn）在奖惩方面很有研究，也很有见地，他认为奖惩在短期内是有效的。但是，所有的教育工作者都要问问自己，"到底是在哪些方面有效了？"再问问自己"有效的代价是什么？"如果让老师想得长远一点，思考一下自己对学生未来的生活有哪些期许，他们可能会希望所有的学生都能自力更生、有责任感、擅长处理人际关系，还有一颗爱心。奖励和惩罚只能让学生暂时地遵守规则。奖励和惩罚只是换来了服从（Kohn，2006），却无助于培养一种内在的责任感。换位思考一下，想个你不喜欢做的事情。举个例子吧，假设你跟我们差不多，也不太喜欢倒垃圾。现在，想一下：如果每次倒垃圾的时候，都有人对你说："倒垃圾呀？干得好！"你会怎么样？会让你更有积极性吗？可能不会。有些时候，人们以为有些东西会有激励作用，但实际上并不是。再想一下，因为学生"努力"而奖励给他（她）口香糖、糖果或贴纸，这种做法是否合适，这种反思也很重要。这种做法强化了一种观念：学生所做的事情是他（她）不喜欢做的，所以才需要奖励。

---

① 译注：原书中引用了与负强化（negative reinforcement）相关的一句话，但严格按照行为分析的概念来讲，前文中的警告和孤立并不是负强化，而是惩罚，目的是降低行为发生的频率。而一般使用负强化的目的也不是阻止某种行为，而是消除某种厌恶刺激以增加某种行为发生的频率，作者可能对负强化的概念理解有误，误将"惩罚（punishment）"理解为了"负强化"。

所有的行为都是一种表达

要知道所有的行为都是在表达些什么，这一点很重要。学生表现出问题行为的时候，可以问问自己，"这个学生可能在表达什么？"如果你已经绞尽脑汁，猜了学生可能需要什么，那就试试看能不能满足学生的需求。有位老师就做得很好。有个名叫海登的学生不停地拍打同学莎拉的后背，莎拉看上去很是烦恼。这位老师没有武断地认为海登就是想惹人讨厌或者引起注意，而是把这种行为看成是在努力与朋友互动。老师小声对海登说："你是想离莎拉近一点，和她说说话吗？想要和别人说话，有个办法，就是说'嗨'。"海登靠近了莎拉，说了声"嗨"，于是两个人就开始说话了。

想要搞清楚学生的行为是在表达什么，可以试试下列方法：

- **直接询问**。可以这样说："我看到你在（做什么），你希望让我知道什么呢？"或者"你撞头，肯定是在表达什么，是什么呢？"
- **观察分析**。记录学生在出现问题行为之前和之后所发生的事情，和团队一起分析学生通过该行为想要得到什么。
- **正向解读**。最重要的是要考虑你是如何看待这名学生的。想想如何以最善意的动机来解读当时的情况（Kohn，2006）。要相信学生没有恶意，学生可能就是想要自己的需求得到满足，或者是想表达什么东西。

不管什么情况，都可以从善意和恶意两个角度来解读。如果以最善意的动机来解读当时的情况，看到的可能就是正面的东西，而且，很有可能更符合事实。抱着正面的态度，就可以进一步找到更人性化的方式来处理问题行为。相反，如果以恶意或者狭隘的心理来解读这种行为，那就很容易以恶意或者狭隘的心理来处理这种行为。

你自己曾经失控过吗？你失控的时候需要什么？需要有人倾听吗？需要找人倾诉吗？你是不是不希望旁人给你什么建议，只是希望小睡一会儿或者一个人待一会儿？学生处在水深火热之中的时候，需要的常常是一个情绪平静的人给他（她）最体贴的关爱。他们需要的是一位让他们有安全感的、平静而冷静的成人，可以温柔地、平静地为他们提供支持。

他们处在水深火热之中（或者不仅是这种时刻，而是任何时候）的时候，不需要的是对他们视而不见，对他们大喊大叫。他们不需要敌视、讽刺，不需要公开羞辱，也不需要被强制带离。

行为管理（尤其是孤独症学生行为管理）专家葆拉·克拉思提出了下列建议：

> 学生连踢带咬、撞头、尖叫，很可能是因为痛苦、困惑、害怕或者不舒服。这个时候，最有效、最人性化的反应是为她提供支持，以让她觉得舒服的方式行事，帮她放松下来，重获安全感。教育的事可以放到后面。出现危机的时候，教师必须倾听学生、支持学生，或者就是陪伴在学生身边。(2005，p. 2)

其他学生表现如何？

有成年人在教室里提供支持的学生往往会受到更多苛责，有时候会导致大家对残障学生在行为方面的要求反倒比其他学生更为严格。我们有一次就听到一位老师告诉学生学习的时候要坐直，尽管这个时候教室里有两个学生在睡觉，还有一个在地板上爬。观察一下，在当时的情境中对其他学生的表现有何要求，对那些需要支持的学生，要求不能比其他学生还高。

不要觉得学生是针对你

作为特教老师，朱莉处理过不少问题行为。最难做到的就是，不管什么事，都不要觉得他们故意是针对你的。她带过一名学生，这个学生特别擅长发现她的炸点，然后就来激怒她（她是这么认为的）。有人建议说要记住这种挑衅行为不是"针对你个人的"，这是她听过的最好的建议。她负责的学生都有问题行为。不管是不是她来教他们，他们都是正在学习如何管理自己行为的人。有时她会告诉自己："这不是针对我个人的。尽管这个学生刚刚骂的是我，但并不是针对我。"

有些学生的问题行为是残障造成的。你不会因为学生不能走路或者不会认字生气——因为你会认为这是残障造成的——同样，你也不应该对那些很难规范自己行为的学生生气。学生出现问题行为的时候，最好、最人道的反应就是为他们提供帮助和支持。

站在家长的角度思考

记住，每个学生都是别人的孩子。面对学生问题行为的时候，把自己想象成是深爱这个学生的人。想象一下，如果你是看着孩子从襁褓里慢慢长大的那个人，会是什么感觉，站在这个角度来看，你会有什么反应？如果这是你的儿子、女儿、侄女或侄子，你会如何反应？如果你是站在爱和接纳的立场，就更有可能怀着仁心和人性来应对，而不是惩罚和控制。

帮助学生继续前行

刚刚经历过问题行为的大爆发，学生可能会感到难堪、疲惫，或者还没有摆脱负面情绪。帮助学生走出来是很重要的。学生爆发之后，应该让他（她）知道危机已经结束，认可他（她）的感受，然后帮他（她）继续前行。表 7.4 列出的句子可以帮助你思考应该如何与学生交谈，帮助他们摆脱情绪危机。最重要的是，和学生交流时，声音要平静、温柔。

要帮助学生修复、弥补。成年人犯了错误或发了脾气以后，首先需要的就是修复、弥补。有一次，朱莉在演讲的时候犯了一个错误，她拿台下的一位观众当作例子。她当时没想到这会让那个人感到难堪，但后来得知确实让人家难堪了。

她感觉很难受，觉得必须弥补自己造成的伤害。于是她写了一封道歉信。对于学生来说，在问题行为爆发之后写一封道歉信可能不是最好的方式，关键在于应该帮助学生想出可能的补救办法，让他（她）行动起来。

解决方案应该与问题相匹配。例如，如果学生在发脾气的时候把书架上的书碰掉了，最好的解决办法就是让学生把书捡起来。如果学生撕毁了自己的作品，那么解决办法可能是让他（她）要么把作品粘起来，要么重新再做一件。如果学生对同学大喊大叫，解决办法可能是让他（她）写一封道歉信，画一张表示道歉的画，或者就说一句"对不起。"不要补救过了头，超出了问题行为的严重程度。主要目标应该是让学生及时回去做事。

表 7.4　学生出现问题行为以后应该如何与其交流

向学生传递这样的信息	可以这样应对
危机已经结束	"都过去了。""没事了。" 让学生把烦恼写或者画出来，然后让他（她）划掉，这个动作象征着事情过去了。
认可学生的感受	"有这种感觉是正常的。我知道这对你来说很难熬。" "现在都结束了。" "很难熬吧，我知道。" "看得出来你确实很苦恼，很生气，很难过。" 画一幅画，里面是这名学生，再在他（她）旁边画个泡泡，里面写上他（她）的想法。请学生帮你搞清楚他（她）的想法和感受。
现在可以继续前行	"我们现在需要什么？" "我该怎么帮你回去继续学习呢？" "你想先休息一会儿，然后重新振作起来吗？" "你现在想马上回去学习吗？" "你需要什么，画出来给我看看吧。"

有关行为支持的常见问题

问：如果学生没有受到惩罚，他（她）将来是不是还会这么做？

答：我们不赞成施加惩罚。事实上，关于罚时出局和惩罚的使用已经做了很多研究。研究表明，惩罚只会在短期内起到作用，但对学生有长期的负面影响（Kohn，2006）。

问：我有个学生只攻击成年人，不攻击同龄人。这说明了什么？

答：这种表现通常说明为他（她）提供的支持在类型或强度方面存在问题。有些治疗师、助理教师或老师提供的支持不对，会让学生感觉自己和别人格格不入或者让他们不舒服，学生攻击的常常就是这些人。例如，有个12岁的女孩对助理教师就很有敌意。这名助理教师是坐在女孩旁边为她提供密集支持的。这位助理教师还使用了一种叫作"蜘蛛"的技术（将一只手放到学生的后脑勺上）。可是女孩对这种类型和力度的支持感到很难堪，也很不舒服。助理教师从学生身边离开以后，女孩对她的敌意就消失了。

问：我们通常是让助理教师坐在内森旁边为他提供支持。我想知道这是不是为他提供支持的最好方式？

答：和学生挨着坐，并不是为学生提供学业支持的最佳方式，而且还有可能会导致问题行为。可以试试适当调整作业，更换写作工具，或者把提示写在便利贴上。团队要判断应该为学生提供什么类型、什么力度的支持，然后再付诸实施。不过，如果你认为这种支持对学生没有帮助，那就和团队一起讨论什么时候可以开始慢慢撤出这种支持：对这个学生来说，慢慢撤出支持会是什么样子？还有其他类型的支持可以帮助学生取得进步吗，如果有，是什么样的支持？

问：如果这名学生干扰了其他学生，他（她）应该离开教室吗？

答：离开教室肯定是最后的选择。试试其他不需要离开现场的支持方式。本章已经解释过为什么要帮助学生留在现场。如果学生每次发出噪声都被要求离开，那么这个学生就会觉得，自己是否属于这个集体取决于是否能够保持安静或表现良好。当然了，作为老师，也要考虑到其他学生，但是如果融合做得很好，那么所有的学生都会明白这名学生有可能会发出噪声，但他（她）正在努力解决这个问题，就像其他学生可能也在努力提高其他方面的能力一样。给学生机会，再让他们了解一些信息，绝大多数学生都会很耐心，给你惊喜。

本章小结

教育团队如何制订行为支持计划、如何提供支持资源、如何应对问题行为，决定了学生是否能够取得进步。所有的行为都是一种表达，所有的人都需要爱心和耐心，请记住这一点，在教育出现问题行为的学生时这将有助于你收到良好的效果。我们知道，教育这样的学生并不容易，因此，本书的最后一章（第十章）的重点就是教育工作者如何关心自己，这样才能有精力和能力为所有学生提供最好的教育。接下来的一章内容，即第八章，将讨论尊严和尊重的观念如何促进社交关系。

第八章

提供社交支持
退居幕后

> 我实在搞不懂，基恩看上乔伊什么了呢？乔伊走不了路，也说不了话，什么事都得有人帮忙，可是这两人就是分不开。

> 可能友谊就是这样的吧，喜欢一个人，就是喜欢他这个人本身，不是因为他有什么本事。

奇妙的友谊

赛斯独自坐在午餐桌旁。五分钟后，几个学生坐到了同一张桌子旁。他们和赛斯之间的距离清楚地表明，他们和他是各坐各的。赛斯静静地吃着午餐，细嚼慢咽地吃完以后，他就慢慢收拾东西。他看了看那些学生。他们正在说着自己的足球队。整个午餐期间没有人跟赛斯说哪怕一个字，赛斯也一直没和任何人说话。他把头埋在胳膊上，研究着运动衫上的线头儿，直到午餐时间结束的铃声响起，他站起来，走向朱迪，那是要陪他去上下一节课的助理教师。

每个学校、许多教室里都有像赛斯这样的学生。通常，有残障的学生或者接受支持的学生在社交方面会遭到严重的孤立。但是，不可否认的是，有些残障学生也可以拥有丰富的社交生活，也能交到很多朋友，跟很多人建立社交关系。特殊教育服务和支持既可以导致歧视和孤立，也可以增进社交互动和友谊。本章旨在帮助你采取措施，改善赛斯这样的学生的社会生活，同时提出一些想法和建议，通过教学活动提高学生的社交能力。具体来说，本章主要讨论友谊的重要性，如何不着痕迹、自然而然地为学生提供支持，如何在结构化和非结构化的活动中为学生提供支持。此外还将讨论如何教授社交互动的规则，并回答有关社交支持的常见问题。

友谊的重要性

想想自己的生活。友谊在你生活中有多重要？朋友让你的生活里多了什么？朋友对我们的生活质量至关重要。他们让我们的生活多了乐趣，多了支持。我们和朋友一起开心，朋友和我们一起分享生活中的快乐和成功。回想起自己的学校经历，你是否想回到学校看看那些朋友？友谊和人际关系是学生生活中的重要组成部分。

"人是群居动物。我们只有在受到他人伤害时才会把自己封闭起来，但一个人独处并不是我们的自然状态。"

——惠特利（2002, p.19）

"我儿子有孤独症，我每年都会告诉我儿子的教学团队，我希望他发展人际关系，交到自己的朋友。我希望他们教给他社交技能，然后只在必要的时候才提供帮助和支持。我不希望总有人跟着他，妨碍他和同学的互动。午餐和操场活动的时候，他都有准备好的社交故事，进步一直都很大。他有朋友。而不是'帮手'。"

这正是他所需要的。学业当然很重要，但是要慢慢来，还要家里和学校一起教，可是社交部分是他眼下最需要的。"

——卡莉（家长）

本章将重点讨论教育工作者应该如何促进学生与同学之间的关系，如何把大家聚到一起，而不是妨碍学生的社交互动。

想象一下，某一天的某个时候，有个人过来和你一起想办法克服你的一个大弱点（比如很难保持收支平衡），你会是什么感觉？你上班的时候，这个人就坐在你旁边，毫无遮拦地和你一起练习这项技能，不管这件事在你的日程安排中有没有意义，你又会是什么感觉？你会不会觉得自己没有选择的权利？没有隐私？没有自由？你生活中多出来的这项安排，朋友和同事会怎么看？你觉得他们会不会躲着你？还是会围着你？现在，想象一下：有一位助理教师或特教老师在课堂上，你觉得会对班上的学生产生什么影响？

有时候，教室里多了一个成年人，就像多了一块磁铁。其他学生（尤其是低年级学生）都想和大人交流。然而，已有很多研究表明，坐在学生身边为其提供支持，这种做法效果并不理想——具体来说，就是会妨碍学生发展同伴关系和友谊。詹格雷科、埃德尔曼、路易塞利和麦克法兰（Giangreco, Edelman, Luiselli and MacFarland, 1997）已经发现，坐在学生身边为其提供支持（或者教师与学生距离很近）可能会对残障学生产生几个方面的负面影响，包括降低普校教师的责任感（即普校教师会将学生视为"你的学生"，而不是"他们的学生"），导致残障学生与同学之间产生距离、残障学生依赖成年人、影响同伴互动，还会导致残障学生接受不到合格的指导、失去个人掌控感和性别认同感，同时还有可能干扰其他学生的学习，等等。

遗憾的是，许多走进融合课堂提供特殊教育服务的人所做的事情和他们在指定的特殊教育单独教室里所做的事情没什么两样。换句话说，他们可能根本不关注普通教育的内容或活动，而是把学生拉到教室后面的桌子旁学习某些特定技能。这不是融合支持的本意，然而，却是经常看到的情景。离得这么近的一对一服务可能会让学生感到非常难堪和丢脸，这也不是融合服务的目的。让学生直接坐在特教老师旁边（几乎是拴在一起），这种安排可以称为"贴身服务"。作为一名教育工作者，要避免为学生提供"贴身服务"，这是很重要的。"贴身服务"可能包括拉着学生的手，走在学生旁边，坐在学生旁边，让学生坐在老师腿上，把学生带到教室一边进行一对一干预，等等。其实，不必如此近距离地接触，也可以为学生提供支持，本章就此提出了一些建议（参见"不着痕迹支持学生的五种方式"和"促进人际关系的六种方式"）。

针对"贴身服务"的研究

在一项研究中，研究人员观察了一位名叫加里的二年级学生在教室里学习以及和朋友们一起玩耍的情况。在学校全天都有一名助理教师为他提供支持。在 4 周的时间里，加里只与同学进行了 32 次互动，其中 29 次互动是在助理教师缺席的那天发生的。助理教师和他在一起的时候，加里和同学只有 3 次互动，就这仅有的 3 次互动，还有 2 次是因为助理教师让他回去学习而中断了。助理教师的存在极大地影响了加里与其他学生联系的能力或意愿（Malmgren & Causton-Theoharis, 2006）。虽然这项研究的观察对象是助理教师，但是这跟职位没关系，影响社交互动的不是职位而是支持策略。

服务代替了关系：什么是生活质量

在一次采访中，患有脑瘫的学者诺曼·昆茨被问到离开集体单独出去接受治疗服务对他的生活产生了哪些影响，他是这样回答的：

> 现在可能会有一些治疗师这样说，"我想帮助学生，让他们可以更好地实现生活功能，这样他们就能做更多的事情"。这个观点看似开明，但我还是非常担心，因为专业人士将功能水平与生活质量画了等号，这是不对的。对有些人来说，情况并不是这样的。专业人士的想法是：如果我能帮助你提高功能水平，那么你的生活质量就会提高。（Giangreco, 1996b/2004）

采访他的迈克尔·詹格雷科（Michael Giangreco）问道："那你对这种想法有哪些担心呢？"

昆茨答道："仔细想想，没有残障的人一般不会把自己的生活质量与自己以某种方式实现某种功能的能力等同起来，那么为什么换成残障人士就不一样了呢？我想大多数人都会同意，生活质量与重要的个人经历、感受、事件有关，与他（她）和别人的关系有关，与他（她）是否开心、对别人的生活是否有价值有关，与他（她）的功能水平无关。回想一下自己生活中最有意义的时刻，可能与你的功能水平无关。我敢打赌，这些时刻与其他事情的关系更大，比如结婚、第一个孩子的出生、朋友之间的友谊，或者可能就是一次心灵之旅，这些可能都与你的功能水平无关。讽刺的是，残障人士发展人际关系的机会、为社群做贡献的机会甚至乐趣本身都被剥夺了，名义是努力让他们更好地实现功能、提高他们的生活质量。就是因为这个，我才没能去成普通学校，也因此失去了交朋友的机会。为什么会这样？因为专业人士试图提高我的生活质量，所以就把我送到了一所特殊学校，他们认为我在那里应该能学会如何更好地实现功能。可是，这种做法却剥夺了我交朋友的机会，结果就是影响了我的生活质量。"（Giangreco, 1996b/2004）

上面的交流将一个重要的问题摆在了我们面前——如何既保证实现专门服务的目的，又不会以牺牲人生为代价。这种交流还应该促使教育工作者思考如何教学才能让残障学生在生活中享有更多有意义的时刻和更多的社交机会，至少应该促使教育工作者更仔细地思考应该如何提供服务。

隐身在众目睽睽之下：不着痕迹、温柔尊重的支持

"请记住，下课之后再和孩子说话。"

——杰西（中学生、有阿斯伯格综合征）

这本书写到这里，才开始谈到提供融合服务的"艺术"。信不信由你，想要提供优质的融合教育支持，需要大量的技巧，还需要不着痕迹、举重若轻。这种工作需要讲究细节、谨慎操作，而且有时还需要"无为"。杰米·伯克（Jamie Burke）是一位大学生，有孤独症，他曾谈到成年人的支持以及这种支持对其社交互动的影响，他强调，他得到的支持应该是不着痕迹的，这样才不会干扰他对社交生活的渴望。他说："我们愿意和其他孩子互动，也时刻准备好与他们互动，大人们必须悄悄地潜入幕后，把他们的帮助伪装成一只隐身在众目睽睽之下的老虎。"（Tashie，Shapiro-Barnard& Rossetti，2006，p.185）考虑应该如何为学生提供服务的时候，请想办法做得不那么大张旗鼓。和助理教师一起工作时，请一定要讨论如何让助理教师尽量躲在幕后，并提出相应的支持计划，这样学生才能自然地与同学进行社交并与他们一起做事。

不着痕迹地支持学生的五种方式

随着学生的成长，他们需要走向独立。以自然的方式为学生提供支持，有助于减少他们对工作人员的依赖。考斯顿-西哈瑞斯和迈尔格（Causton-Theoharis，Malmgren，2005）提出了一些建议，可以帮助你最大限度地提高学生的独立性，让他们尽可能与同龄人互相帮助，同时最大限度地减少学生对成年人的依赖。

1. 不要坐在学生旁边，也不要在学生旁边专门给提供支持的成年人备一把椅子。 在教学过程中，老师的位置是非常重要的。几乎没有什么非得直接坐在学生旁边的理由，即便学生因为行为或身体原因需要近距离的支持，也不一定需要你全天候地坐在他（她）身边。永远不要在学生旁边为成年人保留一个永久的位置。把学生旁边的空椅子挪开。不要让学生坐在你的腿上或者拉着你的手，除非这种做法在学生中很普遍（比如在幼儿园里）。如果你认为在某所学校或者教室里，你应该坐在某个学生旁边，那就跟团队就下列问题展开讨论：

- 什么时候有必要坐在学生旁边提供一对一的支持？（举例来说，提供医疗辅助或搬运/转移学生的时候就有必要提供这种类型的支持。）
- 一天中有没有什么时候可以减少给学生的支持？如果有，都是什么时候？

- 什么时候可以帮助这名学生提高独立性？怎么帮助？
- 什么时候应该离这名学生远点？
- 同学能否为这名学生提供关键性的支持？

2. 不要带走学生。友谊和关系的基础是长期的共同经历。学生每次离开融合教室去接受特殊教育或治疗服务的时候，就损失了与其他学生互动、社交、一起学习、向同学学习的时间。如果学生因为感官超载需要离开教室休息一会儿，可以考虑把感官材料放到教室里。如果学生因为问题行为需要离开，想想能不能找到什么办法，尽量让学生留在教室（想要了解如何为出现问题行为的学生提供支持，请参见第七章）。

3. 鼓励同伴支持。如果学生向你求助，先让他（她）向同学求助。把这种做法变成所有学生都要遵守的规则。要把这种做法推广开来，一个有效方法就是让所有学生都遵守"问过三位同学，（没有解决）再来问我"这一规则。在教学期间让学生结成对子，让他们一起做事。玩的时候一起玩，课间活动的时候一起走（上课和下课都一起走），做选择的时候一起选，吃饭的时候一起吃，学数学的时候一起学，等等。要注意你是为哪个学生安排的社交体验，一定要保证让这个学生选择自己想要的小伙伴。让学生学会寻求同伴支持，是在帮他（她）掌握一项重要的技能，可以让他（她）受益终身。

4. 鼓励独立和互相帮助。如果你在场的时候，学生能够在没有成年人支持的情况下完成任务，那么下次就让他（她）在没有监督的情况下完成任务。例如，团队在帮助史蒂文学习放学如何收拾东西的时候遇到了困难。于是，他们做了一个10项清单。起初，班上所有的学生都使用这个清单。接下来，他们把这个清单写在一个小磁板上，贴在了史蒂文的储物柜上。最后，史蒂文把清单背了下来，只是偶尔会找同学帮忙给他拉上外套的拉链。不要忘了问自己，下一步要做什么才能让学生更加独立，减少对成年人支持的依赖。如果学生仍然需要帮助，可以考虑将实现互相帮助（或与其他学生一起成功完成任务）作为目标。

5. 慢慢撤出提示。想要增加学生互动，最简单但是最有效的办法就是慢慢撤出辅助。慢慢撤出辅助，意味着以系统的方式减少为学生提供的支持，无论是种类还是力度，都要逐渐减少。减少支持可以提高学生的独立性，促进学生互相帮助，增加同学之间的互动。请看表8.1中的提示体系列表。这种体系的设计目的是尽可能地从最显眼的支持（表格中最上面的支持形式）转到最不显眼的支持（表格中最下面的支持形式）(Doyle, 2008)。

要让学生觉得自己和其他所有人都一样，首先就要提供自然或不显眼的支持，这一点非常重要。接下来，帮助学生建立连接，就要成为连接学生和其他同学的桥梁，这样才能协助他们发展关系，辅助他们进行积极的社交互动。

你是残障学生和同学之间的桥梁

你可以成为连接学生和其他同学的桥梁，融入他们中间，提供更自然的支持，协助他们发展关系。接下来的章节会提供六种方式，帮助学生互相联系、建立长期的友谊。

表 8.1 支持类型

支持类型 (按干扰程度从高到低排列)	定义	实例
完全肢体支持	用于为学生提供支持的直接肢体辅助	学生写自己名字的时候提供手把手的辅助
部分肢体支持	学生为了参与活动必须完成一些动作，为了帮助其完成其中一部分动作而提供的肢体辅助	把拉链对齐，向上拉一点点；之后学生自己把拉链拉上去
示范	给学生演示应该怎么做	成年人做一份艺术作业；学生模仿着做
直接口头支持	直接提供给学生的口头信息	"乔希，站起来。"
间接口头支持	口头提醒，用于提示学生注意或思考应该注意或思考的内容	"乔希，接下来该怎么办？"
手势支持	用于传递或强调提示信息的肢体动作（比如点头、竖起大拇指、用手指指）	成年人指向写在黑板上的日程表。
自然支持	不提供提示；让学生通过环境中已有的一般性提示判断自己应该怎么做	上课铃响了，老师告诉学生们到地毯那边去，黑板上写着："翻到第 74 页。"

来源：Doyle（2008）。

促进人际关系的六种方式

下列建议改编自考斯顿-西哈瑞斯和迈尔格（2005）：

1. 强调学生之间的相似点。 在普通教室里，学生们不断地谈论和分享与课程无关的事情（比如爱好、课外活动等）。注意残障学生周围同学的对话，指出他（她）和这些同学的相似点。例如，周围学生正在讨论儿童棒球时，你就可以说："哦，乔希，你妹妹也玩儿童棒球。"或者，学生在图书馆选好了书，你就可以指出这些书之间的相似之处："你们两个都选择了计算机方面的书，你们可以坐在一起，对照一下这两本书。"

2. 帮助学生邀请彼此进行社交活动。有些学生非常渴望社交，但不知道如何接近其他学生。学校里发生的事，只要是可能有助于学生社交的场景，教育工作者都要积极把握，这样做是很有帮助的。提前想想有没有社交机会，问问学生："今天课间你想和谁一起玩啊？""你要怎么问他呢？""在自习室里，你想坐在谁的旁边？"如果有个学生没有语言，那就给他（她）一沓班级学生的照片，并且帮助他（她）设置辅助沟通设备来询问朋友。再做一张提示卡，上面写着："你想和我一起玩吗？"或者"你愿意跟我搭伴儿吗？"在这种情况下都很有用。

3. 提供社会性的行为支持。因为学生做得好而对其予以奖励，要让这种奖励具有社会性。这样一来，所有相关的人都会觉得这种奖励很有意思，还有一个好处，就是得到奖励的学生还能在这个过程中学习和练习社交互动。以下就是这种互动性行为支持的具体例子：

- 和朋友一起投篮。
- 与朋友共进午餐。
- 自习的时候和朋友一起制作串珠项链。
- 和朋友一起玩电脑游戏。
- 和朋友一起去图书馆读书。
- 上课前和朋友一起做一个艺术品。

4. 让学生负责需要互动与合作的事情。在课堂和学校，老师经常让学生负责一些事情。这样做是为了让学生为班集体做出贡献，增加归属感。创造机会让学生搭伴儿合作完成这些任务，教师应该在其中起到关键作用。例如，对班级任务做出一些改动，这样学生就可以和朋友一起完成所有的任务。课堂上有些事需要做的时候，让学生帮着一起做："苏、乔利安，你们能把这些纸发下去吗？"

5. 帮助其他学生了解和理解。同学之间有些信息是必须了解的，这样才更有可能彼此互动。回答学生们的问题要坦诚。有一次，切尔西听到一个小女孩指着另一个学生的无线调频扩音设备问道："他为什么要把那个东西戴在头上？"老师说："这是他的私事，你该回去继续学习了。"这个小女孩就回去学习了，但是这个重要的问题却没有得到回答。这样在她的心中，这个话题就变成了不能碰的，好像使用调频系统是什么不应该的事一样，这不是我们想要的结果。当然，你不应该把残障学生的私密信息告诉他（她）的同学。但是，有的时候，告诉同学们这个学生的基本信息或者他（她）接受的是什么样的支持，对这个学生可能有帮助。如果你不确定是否要分享这些信息，那就征求学生本人、特殊教育服务协调员以及你们教育团队的意见。面对这些问题，还有一种更主动的方式，有些教育团队就曾经组织班级同学展开讨论——让我们每个人都与众不同的是什么。例如，有个中学班级的学生们就把让他们与众不同的事情全都列了出来，然后贴到了公告栏里。有些学生写的是"我和奶奶住在一起"或"我会说两种语言"。还有一个学生写道："我懂手语。"教师可以利用这种类型的信息来解释特殊需要学生的某些行为表现或者他（她）所需要的合理便利或特殊照顾。有关如何帮助某些学生、什么时候可以帮助他们（比如不要像对小宝宝那样说话，一定要提前问好他们是否需要帮助），这些信息也可以告诉其他同学。开始这种类型的讨论之前，一定要保证特殊需要学生本人对这个计划不会感到不舒服，并让相关各方都参与进来，确定哪些信息是学生想要别人知道的。

6. 别挡道！ 学生开始对话之后，要给他们空间，这样自然的对话才能发生，最终，一段关系才有可能得以发展。想想自己应该站在哪里，尽量不要打扰到学生。如果你仍旧站在自己负责支持的学生附近，周围的每个人都会清楚地看到，你就在这名学生和其他学生之间制造了无形的障碍。慢慢撤出辅助的时候，可以离远一点，把注意力集中到别的事情上。

在非结构化活动中提供支持

在学校的时候，从早到晚都有社交互动。为学生提供支持，帮助他们互相交流，非结构化活动是很重要的时机。接下来的章节就这些重要时机列出了一些例子，并给出了一些有用的建议。

上学前、放学后

学生上学、放学路上花的时间不少，这是促进社交互动的最佳时机。上学前和放学后的时间里，帮学生找个同行伙伴，或者找个住在附近的人，陪学生步行上学或一起乘坐公共汽车。

走廊上

课间，学生在走廊活动的时候找个同学陪他（她）。切尔西曾经看到过有位老师让班级学生结对玩"你说我做"的游戏。课间5分钟，学生和自己的伙伴在走廊上玩起了类似的游戏。例如，老师让他们先举起一只手，然后再举起另一只手，伸出舌头，用一只脚跳，到终点时用一只脚站着，保持平衡。在"你说我做"游戏中需要用到很多技能，这些技能都与两名特殊需要学生的个别化教育计划目标直接相关。这种做法不仅创造性地把治疗计划中需要学习的技能融入游戏活动当中，而且还让所有学生都非常开心，都主动要求玩这个课间游戏。还有一个团队带了一名八年级的学生，她名叫萨曼莎，坐轮椅，团队让一名学生推着轮椅，另一名学生在旁边走。这让萨曼莎有了离开成年人的空间，也有了和同龄人交谈的机会。如果学生不会口头交流，只能使用辅助沟通设备,那就帮他(她)设置这个设备,输入一些闲聊用的常用短语,比如"过得怎么样?"学生在走廊活动的时候就可以发起互动。

午餐时

午餐时间是一个重要的社交时机,必须对这段时间的活动支持进行主动设计。想想在午餐时间如果直接为学生提供支持服务会对自然互动产生怎样的影响。午餐时学生所坐的位置是非常重要的。不要让所有残障学生都坐同一张桌。要帮学生选个让他们觉得最舒服的地方,同时,这个地方还要有助于他(她)与同龄人互动。

有些学校还会把学生的兴趣(比如国际象棋、时装、足球)印在三角桌牌上,方便学生根据兴趣分桌。学生可以坐在自己感兴趣的那桌自由谈论他们喜欢的话题。还有些学校有"午餐会"。有些学生在午餐时间很难开展社交互动,组织午餐会可以帮助这些学生,还可以提供某些类型的服务,这是非常有用且理想的办法。午餐会指的是在午餐时间为了某个特定的目的把学生召集起来(比如计划年终野餐、制作班级年鉴)。什么样的学生都可以参加,为了完成这个任务可以每周聚会一次。重要的是,这个聚会团体一定不能只由残障学生组成。到了年底,还有可能会举办一个比萨派对来庆祝做出的成绩。其目的是将学生聚在一起,在这种情境中,彼此的关系更加亲密,可以促进社交互动,有助于建立友谊。

午餐时间可以播放音乐,营造舒缓的氛围。有一所学校的一个教育团队就采取了这种策略,因为他们团队负责支持的一位学生有孤独症,名叫乔纳,他觉得吃午餐时那种嘈杂让自己感官超载,实在是难以忍受。团队问他想放什么样的音乐,然后开始在餐厅放披头士的音乐,这种做法为所有学生提供了一个放松的氛围。最棒的是,这样做以后,乔纳每周都有几天可以待在餐厅里和其他学生交流。

自由活动

帮助学生选择他们想做的活动,再帮他们选择想和哪些同学一起参加活动。对于高中生来说,坐在哪里非常重要。问问学生喜欢坐在哪里,尊重他们的选择,这样学生就能自己选择同桌,自己选择坐在哪里。在课间休息时间,或者是任何的课外休息时间,都可以给学生安排一个他们特别感兴趣的活动。例如,有位患有唐氏综合征的学生,名叫凯西,很喜欢在家里做串珠项链。她的作业治疗师以前是把她带出教室做一些手工活动,帮她提高动作灵活性,锻炼肌肉力量和精细动作技能。现在,老师是把装珠子的包带到教室,告诉学生们大家都可以用这个包。她把包放在凯西的桌子上,让她负责管理。课间的时候,我们走进了教室,想看看这个做法效果怎么样,发现四个女孩和两个男孩围成一个半圆形,他们都在做项链。凯西锻炼了精细动作技能,不过更重要的是,她周围都是同龄人,可以轻松地交流。

选择伙伴

在课堂上，有些学生最不喜欢听到的一个词就是"两人一组"。学生七嘴八舌地找朋友搭伴儿的时候，肯定有人会被排除在外，找不到伴儿，这是不可避免的。这种情况下，成年人不应该给学生当伴儿，应该帮学生找个朋友。提前找好可能会更有帮助。有个教育团队考虑得非常周到，他们有个学生，名叫克里斯汀，她在数学课上总是很难与同学展开交流，这样的情景教育团队实在看过太多次了，所以就想了一个新的解决方案。他们有计划地分组，保证包括克里斯汀在内的所有学生都有 12 个分好的伙伴。这个解决方案固定了伙伴关系，这样学生就不会觉得自己受到了冷落。网上能找到用来玩"时钟搭档"游戏的图（Jones，2012，见图 8.1），让他们按时间登记好自己选择的小伙伴，这样接下来一整年都可以有提前选好的伙伴了。从这以后，克里斯汀听到老师说"去找你 2 点钟的伙伴"的时候，很清楚地知道她的伙伴应该是谁，就能去参加数学中心的活动了。

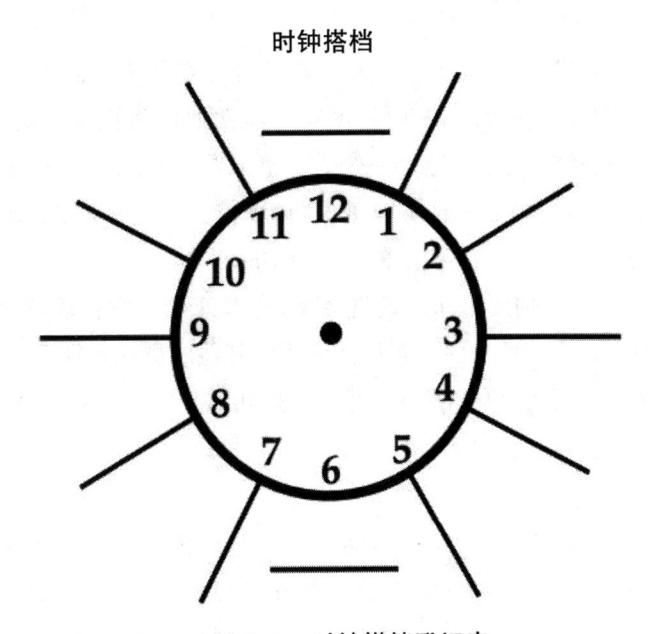

时钟搭档

图 8.1　时钟搭档登记表

来源：Jones, R. C.［2012］. Strate- gies for reading comprehension：Clock buddies. Retrieved from http：//www．readingquest．org/strat/clock_ buddies．html

教学期间的支持

在教学期间，教师可以在教室里走来走去，回答大家的问题，为所有的学生提供支持。如果专门为某一个人提供帮助，对这个人来说可能是非常耻辱的。最好的情况是为整个班级提供支持，没有学生觉得你是在帮助某个特定的学生。如果你是一名特教老师，不要称呼自己为"特教老师"。要把自己当作是跟普校老师一样的老师，教的是所有学生。只要学生开始进入状态，就不要围着他（她）转了。给学生空间，让他（她）自己做事，允许他（她）犯错，就像对待其他人一样。学生遇到问题，也让他（她）求助，也像对待其他人一样。如果必须让学生重新集中注意力，那就悄悄地做。表扬学生也要悄悄地进行，注意不要过度支持。上述这些方面都很重要，你的支持应该尽可能不那么显眼、尽可能温和。

为了保证让所有的学生都能有机会跟残障学生打交道，可以把教学材料放到这名学生那里，而不是让大家到某个特定的地方去看。我们曾经见过有个团队在这方面做得很漂亮，他们的学生名叫亚历克斯，坐轮椅，正在上幼儿园。上课的时候，学生都要从地球仪上收集信息。于是，团队决定把地球仪移到亚历克斯的课桌上，学生过来看地球仪的时候，很多人都跟亚历克斯互动了。

如何教授社交互动的规则

许多学生都很难搞清楚如何与他人互动。这就好像在玩一个游戏，却不知道这个游戏的规则。如果你带的学生有这方面的困难，那就把这些规则清清楚楚地告诉他（她）。但是，不要只是单独教他（她）一个人，也不要把残障学生带到单独的教室里去教。应该利用教室里和操场上的日常时刻，巧妙地教学生如何相互交流。这方面的资源很多，都可以帮到你。卡罗尔·格雷（Carol Gray）写了几本书，专门讲如何为孤独症学生写社交故事以及如何用卡通形式描绘社交情境来帮助学生理解社交规则[①]（详见 Gray, 2010）。想要再多一些办法，可以问问团队其他成员或者在网上搜一搜。教育工作者不应该认为孤独就是学校生活的一部分；要知道教师是可以介入并且帮助学生建立和维系友谊的。

> "作为一名教师，你的工作不是修复或治愈一个孩子，而是帮助他们积极融入同龄人群体、得到同学的尊重和接纳，支持他们充分发挥个人潜能。"
>
> ——乔丹（在融合课堂接受教育的残障学生的家长）

有关社交支持的常见问题：

问：这个学生有问题行为，所以其他学生都不想和他（她）在一起。我该怎么办呢？

答：首先，你要有这样的信念，这个学生值得拥有友谊，也有权发展人际关系。

[①] 编注：卡罗尔·格雷著《社交故事新编》一书已由华夏出版社引进，于2019年出版。

为学生提供支持的方式，应该既有助于减少问题行为，又能帮助他人理解这种行为。有个学生，名叫肯尼，他在感到焦虑的时候会前后摇晃，这种行为在同学看来很奇怪。用简单的语言向其他学生解释这种行为是怎么回事，这样的话，聪明一点的学生就会问肯尼："我该怎么帮你，让你不前后摇晃呢？"肯尼在辅助沟通设备上打出来一个回答："让我把手放在你的肩膀上就行。"从那以后，每次肯尼前后摇晃的时候，同学都会问他："你想靠在我身上吗？"这样就能帮他控制住这种行为。

问：你的建议是不应该把学生带离集体，但我有个学生有感官问题，没法去餐厅。我该怎么办呢？

答：考虑一下本章讨论过的可以在餐厅开展的活动，把餐厅变成适合学生去的地方。试试放点音乐，给学生找个一起吃饭的伙伴，把餐厅变成兴趣中心，放个安慰物，或者找个比较安静的午餐地点。

问：我知道为什么应该慢慢撤出支持，但我担心这个撤出过程不算"直接接触时长"，那就不算为学生提供服务了，撤出支持的过程中能做些什么呢？

答：这个担心很普遍。"直接接触时长"并不意味着你必须与学生直接接触（比如摸学生，提供手把手的支持，坐在他们桌子旁边）。只要学生参加的是你用自己的专业知识帮忙构建出来的学习活动，就算"直接接触"。学生练习技能的时候（比如写字），你可以帮助他们进入状态，之后在教室里来回走动看看能不能帮助别的学生。走回学生旁边的时候，可以帮他（她）把写字的纸摆正，然后再继续在教室里来回走动。不在学生身边的时候，可以为其他学生提供支持，也可以做一些改动为下一节课做好准备，还可以收集数据。另外，还可以咨询其他老师和助理教师。

本章小结

在本章开头，你认识了赛斯这个学生。他在社交方面有困难。有个成年人在学校全天候为他提供支持，还时不时带他离开教室单独接受特殊教育服务，这对他的社交生活造成了很大的损害。友谊和人际关系对赛斯的发展和生活质量至关重要，对所有的学生来说都是这样。对于接受服务的学生来说，需要注意保证最大限度的融合并给他们机会进行社交互动。作为教育工作者，你可以重新考虑应该如何介入、要不要让学生离开教室单独接受服务，最终选择在融合环境中提供支持。本章提到的建议，其目的是支持你努力帮助学生融入学校的社会生活。下一章将重点讨论如何发挥助理教师的作用，为学生提供学业和社交支持。

第九章

支持和监督助理教师的工作

既不培训，也不督导，全靠助理教师自己去摸索，就是这个结果。

在美国，各个学区都雇用了助理教师来为残障学生提供必要的支持、便利和融合教育。助理教师有不同的类型、作用和称呼。有些助理教师为学生提供一对一的支持，还有些助理教师被聘为课堂教学助理。学区使用的术语包括教学助理、指导助理、教学助手或者就直接称呼助理。我们使用的术语是"辅助专业人员"，这是一个总称，指的是在课堂上发挥作用为学生提供支持的教育助理（也称助理教师）。

助理教师可以被指派去为某个年级、某个班级或者某些学生提供支持。想要了解分配到自己教室工作的助理教师都有什么作用、承担哪些职责，可以询问自己的上司。为助理教师提供指导和支持是教师的责任。融合教育工作者经常说，虽然知道自己的责任是制订计划、指导助理教师发挥作用，但事实上并没有做好这方面的准备。助理教师是教育团队的重要成员，本章提到的策略和工具旨在促进你与所有助理教师的合作，为他们提供支持，同时监督他们的工作。

请记住，助理教师和学生一样，在技能和知识方面的水平各不相同。有些助理教师可能很老练，也有资格认证，还有些助理教师可能完全是教育新手。因此，你的首要任务就是了解与你一起共事的助理教师。他们可能具备你想要的技能，也可能没有，但你的职责就是帮助他们做好准备，有效地支持学生。了解助理教师都有哪些技能和长处，这样才能搞清楚如何发挥这些长处。

欢迎助理教师

助理教师是与你一起共事的人，一定要与他们融洽相处，这对于培养良好的关系至关重要。为助理教师打造一个友好的环境是很重要的。为学生提供支持的时候，友好的环境有利于互相合作。让助理教师成为课堂的一部分，了解课堂上将要发生的关键事件，也是非常重要的。表9.1就如何欢迎助理教师融入课堂提出了一些建议。

助理教师必须和教师一样了解学生的学业、社交、沟通和行为目标，融合教师必须认识到这一点。换句话说，让助理教师了解你的教学理念、教育教学目标以及你管理班级、应对问题行为的方式，这是很有好处的。接下来的章节将讨论如何表达对助理教师的要求和期望、如何培训助理教师、如何与助理教师共享相关信息、如何设计课堂实践以支持与你一起共事的助理教师。

表达要求和期望

融合教育工作者先向助理教师说清楚自己希望如何帮助学生融合，之后就可以帮助助理教师充分理解他们在课堂中的作用和职责。我们观察到很多有经验的融合教育工作者不仅直接表达自己的要求和期望，而且还制作了任务卡来概括某些特定学习时间的教学过程，为助理教师提供了直接支持。这种做法让助理教师无须自己去揣测和抉择，因此可以专注于帮助学生学习并与学生互动。至于如何使用任务卡，本章稍后会就此展开详细讨论。

培训助理教师

为了让助理教师了解班级的结构，教师应提倡全校范围内所有的培训或专业发展课程都要向助理教师开放。这些培训包括课程开发、社交技能和行为管理等主题。参加这样的培训可以让助理教师学到目前正在使用的教育术语，对学科领域课程的结构和组织有一个全面的了解，并在教育工作者的专业社群里找到一种归属感。助理教师对教与学的内涵、融合教育的目标以及自己的作用了解得越多，在你的课堂上就能更有效地为残障学生提供支持。有机会获得培训资源，了解什么是融合教育，了解支持学生实现学业、行为和社交目标的最佳做法，可以让助理教师获得知识，以便在融合课堂中充分发挥作用。我们还建议团队给每位助理教师提供配套手册《融合教育助理教师手册》[①]（Causton-Theoharis，2009b），以便加深他（她）对融合教育实践的了解。

表 9.1　如何欢迎助理教师融入课堂

- 保证教室里有专门的地方给助理教师放置自己的物品。
- 保证把所有在教室里提供服务的成年人的名字都写在门上。这种做法传递的信息是：这是一个团队在为所有学生提供教育服务。
- 提到其他老师的时候是什么样的态度，提到助理教师就应该用什么样的态度。如果提到其他老师的时候用的是先生、女士的称呼，那么提到助理教师名字的时候也要如此。这表现出的是一种尊重。
- 不要让助理教师使用贴着学生名字的桌椅，这样才能让人明白他（她）是提供支持的教育工作者。
- 给学生家长的课堂通讯或者笔记，要让助理教师从头到尾地看一遍，检查是否有需要修改的地方。如果可以的话，在课堂通讯的结尾处签名的时候要写上所有在教室里工作的成年人的名字，这样才能让人知道你们是以团队合作的方式完成各自的工作。
- 每天、每周的工作中都要明确助理教师的作用，通过这种方式让助理教师融入课堂文化。征求助理教师的意见，所有事关解决问题的会议都要让他们参加。
- 邀请助理教师参加家校会议和开放日活动。这种与家庭的互动可以让人看见助理教师的存在，让他们在学校里更有归属感。
- 给助理教师写欢迎信和感谢信。
- 把助理教师作为教学团队的一分子介绍给别人，就像介绍你自己一样介绍他们。例如，如果你向新学生介绍自己的时候想使用照片或者一些感性的、能展现自己独特爱好的东西，那么介绍助理教师时也可以这样做。

---

① 编注：《融合教育助理教师手册》一书与本书同为"融合教育实践系列"丛书。

共享相关信息

助理教师需要接受培训，了解如何更好地为学生提供支持。如果助理教师支持的学生有行为干预计划（BIP），那么必须让他（她）有机会与教师一起研究该计划。助理教师需要明确地知道什么该做、什么不该做，这样才能按照计划去做。支持有个别化教育计划的学生也是一样。助理教师应该研读自己所支持的学生的个别化教育计划。许多教师制作了个别化教育计划速览表，以这种方式让助理教师迅速了解个别化教育计划中的重点信息。第五章中的图5.2就是个别化教育计划速览表的样表。

给助理教师示范

给助理教师示范你在课堂上是如何做的、是如何为残障学生提供支持的，这种做法可以为助理教师提供实践机会。如何做出改动和调整，如何提供额外的辅助和支持，在这些方面接受培训是非常重要的。使用新的差异教学技术时，应该主动与助理教师交流，以便帮助他（她）理解这些概念和做法，同时还要帮助他（她）理解为什么要尝试这些新策略。上课的时候，拿出一小部分课程让助理教师来上，给他（她）示范你会如何为一个小组或者某个有问题行为的学生提供支持。这样做有助于向助理教师表明你的要求和期望，比如希望他（她）在教室里各小组之间走动，而不是一直站在某个指定需要一对一支持的学生身边，还比如希望他（她）提出问题以便引导学生展开讨论。你希望助理教师如何支持自己的教学，请就此展开批判性思考，并找到一个办法来示范。

注意使用"以人为先"的语言，注意自己的课堂安排以及与学生的互动，这也是非常必要的。重视社交互动、重视以人为本，强调在教学中以这些为基础，这一点至关重要，因为这样才能让参与课堂的每个人都感到自己被重视、被需要。助理教师一直在观察和模仿你与学生的互动过程。融合教育的核心是人际关系、连接和归属感，有些人认为这些是隐含在融合课堂中的学习内容。我们认识的一些融合教育者就把这些隐含在融合课堂中的学习内容明确地呈现出来，而且还和助理教师就此展开讨论，讨论的内容包括社交互动、课堂安排以及与学生打交道的技巧。给助理教师示范如何应用教学策略、如何支持社交互动，可以让他们对自己在课堂上的角色有个感性认识，并且对自己的角色不会感到不舒服。

与助理教师沟通

在融合教育实践中，与助理教师的沟通至关重要。不断的沟通有助于明确要求和期望，保证所有人都朝着共同的目标努力。我们建议每天、每周都有互动计划，这是与助理教师保持联系的一种方式。

每周开一次会

每周沟通一次是必要的，这样才能保证助理教师知道目前学到了哪个单元，随时了解学生在家或在校发生了哪些变化，明白我们在工作方面对他（她）有什么要求和期望，同时准备好将事先设计的学业支持计划付诸实践。我们建议每周和助理教师一起开一次会。打算发给学生家庭的通讯或信件，要抄送给助理教师一份，这样可以让助理教师了解班级和学校发生的事情。这有助于将助理教师纳入教育团队，还能省下会议时间用于制订工作计划。

我们建议尽可能让助理教师参与教学活动的设计。我们见过很多教育团队每周都通过电子邮件与助理教师保持联系。除了每周的交流，每天与助理教师简单沟通一下也是很重要的。下面的问题可以用于简单沟通：

- 中心那边情况还顺利吗？
- 对社会学课所做的调整效果怎么样？
- 你对数据收集有什么问题吗？
- 你对行为干预计划有什么问题吗？
- 还需要做出哪些调整或改动，你有什么建议吗？
- 你对自己在课堂上的角色感觉怎么样？

每天解决问题

教育团队成员之间每天都保持沟通，就可以根据监督情况对教学进行灵活调整。在课前或课后，或者团队会议的准备期间，用 10 分钟时间，让团队成员了解目前所学的课程、要做的改变，还有适合付诸实施的调整或改动。如果团队成员找不到共同的时间来做计划，那么可以通过使用共享笔记本，把需要注意的事情、问题或最新情况记录下来让大家看。这种日常沟通可以让团队成员保持联系，但又不会占用共同教学时间，也不必在教室里满是学生的时候讨论学生的事情。

用心倾听

记得花点时间听听助理教师的想法。他们常常会有意想不到的点子或者处理问题的新思路。保证每周都花点时间听听发生了哪些事情，同时提出一些问题，以便了解他们在为学生提供支持的过程中都有哪些体验和感受。要认可他们对学生和教学的想法和看法。用心倾听，会让他们更加努力工作，提高团队合作意识，从而提高融合教育的工作效率。

明确助理教师的职责

作为助理教师的督导，明确助理教师的职责可以让他们清楚地了解自己应该做些什么、达到什么标准。一般性的沟通包括哪些做法有效、哪些需要改变，除了这些，教师在设计课程的时候请助理教师参与讨论也很有必要。让助理教师参与课程设计过程的各个方面，有助于培养他（她）的主人翁意识，帮助所有学生在学业上取得进步。可以请他们就如何做出不同类型的调整提出建议，或者请他们帮忙为下周的教学做出适当的改动。或者就是听听他们有什么想法，这对他们参与团队合作、为学生提供服务所做的贡献也是一种认可。如果每周都要对教学材料进行改动（比如扩印课本[①]、根据学生的阅读水平调整文本难度），就可以让助理教师负责这项任务。想办法培养助理教师的责任感、让他们为团队做出更多贡献，有助于打造一支强大的团队，更好地满足学生的需求。

值得注意的是，尽管我们作为教师希望助理教师深度参与、全力投入课程设计和实施过程，但不能简单地指望助理教师把为特殊需要学生做出改动或调整的所有任务都承担下来，这就超出他们的职责范围了。在资深教师的监督指导下，助理教师才可以为残障学生的学习提供支持，包括为他们做出适合其需要的改动和调整。需要明确的是，团队成员应该经常合作，对课程安排做出适当的改动和调整，但是这些事情肯定不能完全委托给助理教师。要为学生设计和提供个别化的支持，教师在课程安排方面的专业知识、对学生的了解以及在特殊教育方面所接受的培训是必不可少的。

制作任务卡

我们也知道，很多教师和助理教师的日程安排很紧、时间有限，很难抽出时间碰面讨论课程设计。我们看到很多团队用了这样一个方法来实现无缝对接：给助理教师制作任务卡。教师设计每周课程安排的时候，可以指派一个人，把助理教师负责部分的顺序步骤都写下来。

图9.1中就是一张任务卡，是写给一位九年级阅读课助理教师的。助理教师可能无法参加每周的团队会议，即便如此，教师也可以与助理教师碰面，让他（她）大致了解一下课程内容，跟他（她）一起检查一遍任务卡上的顺序步骤。很多团队都觉得这种做法很有好处，因为这样可以保证教师在计划过程中对每位成年人在课堂上的角色都进行了充分讨论，而且还可以让助理教师有的放矢，充分发挥自己的作用。明确助理教师应该具体负责哪些工作，他（她）就不会一整节课都坐在残障学生旁边。制作任务卡的目的是让每个人都有的放矢，充分发挥自己的作用，为学生提供学习支持，在课程的每个阶段都能以有意义的方式贡献自己的力量。

[①] 译注：根据作者在前面给出的术语定义，"扩印课本"的方法并不算"适当改动（modification）"，而是属于"合理便利（accommodation）"。

课程目标：学生分析信息文本中作者是如何表达自己观点的。

任务：

微课

我上微课的时候，请你以图示的形式在智慧黑板上写出重点内容。听到学生的想法之后，请你以思维导图的形式写出作者的主要观点和依据。画图、概述、添加定义。

工作坊

- 其他学生读课文、在信息文本中找出依据、把这些依据写在便利贴上的时候，请你选择五名学生组织小范围讨论。参与讨论的学生的名字在你的阅读讨论表上，夹在写字板上。
- 在讨论间隙，一定要时不时地看一眼杰登，看他是否需要帮助才能集中注意力在自己的作业上。如果他需要帮助，请以书面形式提供支持（使用提示卡或便利贴），然后重新开始跟其他学生讨论。回想一下，我们目前的工作重点是让杰登在阅读的时候注意力持久一点、独立性更高一点。因此，提供支持之后请不要在他身边停留太久（迅速离开）。
- 请注意金姆是否已经准备好了阅读和沟通所需要的东西，是否已经选好了和她一起学习的同伴，是否已经开始学习。
- 今天的教学重点是找出作者的主张，分析这些主张是怎样支持作者观点的。在每次的小范围讨论中，请你观察每位学生表现出哪些优点，先表扬其中一个优点，之后引入一个教学点，然后才讲述你希望学生学习的具体技能。

下课前

- 快下课的时候，请检查一下杰登是否完成了学习任务。要保证他已经把家庭作业写在自己的日程表上了。
- 请为杰登提供支持，让他把阅读材料收拾整齐，放在文件夹中，要保证他把做作业需要的所有东西都带回家。
- 要保证金姆的辅助沟通设备、日程表和沟通本都收拾好了。让她检查一下自己的日程表，这样她就能知道下一节课要到哪里上。

图 9.1　写给一位九年级阅读课助理教师的任务卡

在课堂教学中，可以让助理教师发挥作用的任务有很多，比如为学生提供一对一的指导、负责一个小组教学站，或者为班级大课提供方便。在专门讨论怎样合作的那一章（第五章），我们介绍了各种类型的协同教学形式，都是教师可以在课堂上使用的，也都可以与助理教师一起使用。不同之处在于，教师不能要求助理教师在没有督导的情况下设计教学站或学习中心，也不能要求他们独立制订教学目标或者设计课程计划。教师应该负责主要的设计任务，保证助理教师在负责教学站或学习中心的任务时不会感到不舒服。

让助理教师融入班级生活

在教学活动和班级生活中,教师还有很多办法能让辅助专业人员真正参与进来。有些助理教师也通过一些方式积极参与普通教育课堂,收到了很好的效果,这些方式包括协助班级值日工作、执行行为管理计划以及收集数据。

班级任务

有位老师做了一个任务清单,上面列出了每周需要完成的班级任务。在任务这一行的下面是该项任务的完成情况,完成以后就打钩,还有一个小方框,可以把评价或者意见写在里面。这些任务包括一般性的教室值日工作(比如擦桌子、给植物浇水、整理班级用品区)、与学生家庭的沟通工作(比如检查日程安排、写家校沟通本、让家长签学生校外实习或旅行同意单等),还有整理教室图书角和存放数学教具的地方。这种做法的初衷是让每个人都参与到班级日常生活中来。不管什么时候,不管是助理教师还是教师,只要有空就可以对照一下任务清单,完成其中一项任务,然后签上自己的名字。这种做法提高了助理教师的参与感,还可以让助理教师慢慢知道班级用品都在哪里。这样做还有助于保持学习环境整齐有序。

做好准备

凯西老师教四年级,她很幸运地得到了助理教师吉尔的协助。吉尔被指派来为一位名叫萨曼莎的学生提供支持,不过这个孩子的教育团队目前的工作重点是提高她的独立性。凯西没有让吉尔坐在萨曼莎旁边,而是提前做了很多考量。她做了一张清单,上面列出了所有可能为萨曼莎和其他学生提供学习支持的东西。例如,有一周的清单是这样的:1)搜索细胞分裂的视频;2)找到有丝分裂的图片;3)找到与有丝分裂过程相关的实践活动,为学生提供视觉辅助,帮助他们理解有丝分裂;4)将下周的拼写作业和词汇输入到萨曼莎的辅助沟通设备里。我们鼓励融合教育工作者想在前面,思考如何发挥助理教师的作用,让他们为教学过程添砖加瓦。

行为支持

助理教师还可以参与执行行为管理计划。比如收集用于功能性行为评估(Functional Behavioral Assessment,FBA)的数据,或者监督行为干预计划的实施情况。一定要让助理教师清楚地了解行为干预计划,我们发现这样做有一个好处,就是他们能明白自己应该针对哪些行为提供支持,应该如何主动为学生提供支持,在面对问题行为的时候应该作何反应。让助理教师以这种方式参与教学,他(她)就会自然而然地注意周围发生的情况并收集某些学生的行为数据,这样就能更好地了解面临的问题,在团队讨论的时候拿出成熟的想法。在你实施积极行为支持计划的时候，助理教师参与得越多，以及面对问题行为的时候让他（她）收集的数据越多，整个教育团队为学生提供行为支持的时候就越有针对性。

参与评估

可以让助理教师协助收集评估数据。让助理教师参与收集形成性评估数据，这样有助于跟踪学生的进步，监测学生是否实现了学习目标、目前有何进展。让助理教师参与这个过程有很多途径。比如可以问每名学生两个与课程相关的、启发其思考的开放式问题，制作一个模板，让助理教师记下学生的想法，或者让助理教师使用数字录音机来跟踪记录学生的反应。还可以让助理教师针对所有学生或某些学生的表现进行评估。给助理教师一个评估标准，让他（她）对这些表现进行评分并做出评注。

你在学校整天都很忙，可能没有时间做这些，这种情况下，前面提到的两种做法就派上用场了。这些办法都很有用，可以让助理教师参与课堂教学、融入教学环境，有助于教学设计和决策。助理教师还可以开展其他形式的形成性评估，比如检查学生的 5 分钟自由写作作业、检查学生的出门条、回看学生的反应日志、统计自我评估数据，或者在课堂上把学生的个性化白板上的内容拍下来。想想你在课程单元中要用到什么样的形成性评估数据，有意识地问问自己："助理教师怎样才能帮忙收集到更多的评估数据？""我们怎样才能更好地了解学生的学习和思考过程，让这些数据为我们的教学决策提供参考？"助理教师经常参与数据收集，这是为了跟踪个别化教育计划中各个目标的进展情况。很多教育团队会在月初开会，讨论并决定为了测量个别化教育计划目标的进展情况应该收集哪些数据。可以把收集数据的任务分一两项给辅助教师。这种做法很有利，因为数据就应该是由教育团队的不同成员收集的。这种做法还有助于助理教师熟悉个别化教育计划目标，发挥他（她）在教育学生方面的作用，自己支持的学生有进步的时候，助理教师还会很有成就感和主人翁意识。针对个别化教育计划的实施情况，带着目的去收集数据，教育团队可以根据这些数据做出教学决策。

有些总结性评估需要根据残障学生的需求做出适当改动，有些教育团队会把这项任务也交给助理教师。检查了全班或者全年级的考试卷之后，教育团队会讨论需要做出哪些改动。助理教师可以承担的任务包括：为有些学生提供大字试卷；重新改写考试题目，以便适应学生的阅读水平；把比较复杂的任务分解成清晰的、容易处理的步骤；在空白处提供视觉提示；设置所需的录音设备和其他技术；在关键地方做出标记；如有口试，制作书面说明。

教会助理教师如何慢慢撤出支持

助理教师为学生提供一对一支持的时候，最应该学会的技能之一就是尽量不提供支持，或者慢慢撤出支持。我们必须仔细考虑如何智慧地提供支持，否则学生就可能会过度依赖支持。助理教师和教师常常出于善意为学生提供过度支持，这就可能会导致"贴身服务"的情况（Causton-Theoharis, 2009a; Causton-Theoharis, Giangreco, Doyle, & Vadasy, 2007; Causton-Theoharis & Malmgren, 2005）。换句话说，为学生提供支持，最糟糕的方式就是让提供支持的人直接坐在学生旁边。可以向自己的教育团队提出下列问题：

1. 为学生提供支持期间，什么时候是必须要待在学生身边的？
2. 除了和学生坐在一起或者待在同一个物理空间内，还有其他的替代方案吗？

除了坐在一起，还有很多替代方案。为残障学生提供支持，总体目标就是为了提高其独立性提供必要的辅助和支持。因此，找到其他方法，只要是能提高学生独立性、促进其学业进步、帮助学生以有意义的方式参与融合即可。比如对作业任务做出改动、让学生与同学一起学习、让学生使用工具软件、制作待办事项列表、使用日程表或者单词窗，这些都是替代方案。表9.2还列出了一些做法。我们建议你与自己督导的助理教师一起把所有的替代方案都列出来。这种做法传递了这样一个信息：坐在残障学生旁边并不是工作要求，还有更多有用的策略可以为学生提供有意义的支持，在融合教育环境中推动他们在学业和社交方面的发展。

表9.2　除了坐在一起，还有哪些替代方案

- 对作业任务做出改动。
- 让学生与同学一起学习。
- 让学生使用工具软件。
- 制作待办事项列表，做完一项划掉一项。
- 使用日程表。
- 使用单词窗，不用指读。
- 以图示的形式记笔记。
- 在教室前面把必要的步骤示范给学生。
- 做思维导图。
- 提供辅助和提示。
- 小组成员分配任务，合作学习。
- 使用文本转换语音的软件，方便学生听教材（比如课本、作业）。
- 做任务分析，把作业分解。
- 让学生做完每道数学题之后都跟教师或者助理教师对答案。

感谢助理教师

做助理教师可能很不容易。（在团队中）他们接受的教育和培训常常是最少的，但是他们的工作对象却是在社交、沟通、行为和学业方面问题最多的。因此，作为助理教师的督导，一定要考虑如何保证他们的工作和努力得到应得的认可。可以想出一些有创意的方式来表扬他们的工作。要让大家知道他们对同事、学生及其家庭付出的努力。要让他们知道你是发自内心地感谢他们付出的时间和精力，这对打造强大的教育团队有着重大的意义。

有关助理教师的常见问题

问：有位助理教师被指派为一名孤独症学生提供一对一辅助，这位助理教师需要为学生提供基础的阅读和写作指导吗？

答：融合教育教师要知道，基础的识字教学必须由有教学资格的教师来设计和实施。教师负责教学，助理教师常常加以补充。但是，助理教师的辅导不能代替学识丰富的教师所提供的指导。可以由有教学资格的教师就额外补充的支持和辅导制订计划，再由助理教师来实施。实际上，残障学生的教育往往都是由助理教师来负责的。

问：助理教师被指派为学生提供学业和社交方面的支持，他（她）是否需要坐在学生旁边？

答：回答很简单，不需要。研究表明，助理教师在学习或社交活动中坐在孩子旁边近距离地持续提供支持，这种做法的效果并不理想（Malmgren & Causton-Theoharis, 2006）。在学习活动中，助理教师应该在教室里来回走动，根据需要为所有学生提供支持，同时密切关注那些可能需要多些支持的学生。在社交活动中，助理教师的目标是促进学生与其他同学之间的自然社交互动，这意味助理教师可以发起对话或者协助学生发起对话，然后慢慢撤出支持。助理教师为残障学生提供支持，目的是帮助他们真正融入课堂，实现全面参与，并在学业和社交方面取得进步。坐在残障学生旁边是不必要的，而且往往不利于学生成长。

问：助理教师没有在融合课堂上为残障学生提供支持的工作经验，我该怎么办呢？

答：如果与你共事的助理教师没有在融合课堂上带过残障学生，你将需要为其提供培训。

助理教师最好能在开始工作之前接受融合教育领域方面的专业发展培训，但实际上不一定总能做到这一点。你可能需要承担起责任，让助理教师了解什么是融合教育，什么是学业、社交、沟通和行为支持，什么是慢慢撤出支持，什么是提高独立性，还要了解其他与班上学生有关的具体信息。要把你对融合课堂的要求和期望跟助理教师交代清楚，还要把在教室工作的成年人的作用解释清楚。

问：助理教师真的可以管理一个小组的学生吗？

答：是的，在资深教师的指导下，助理教师可以做到。要为助理教师提供书面指导，同时对他（她）的工作进行监督和支持。

本章小结

全国各地都有教师与被指派到自己课堂提供支持的助理教师一起工作。只要得到适当的支持和指导,助理教师就可以成为很好的资源。不断与他们沟通,让他们了解自己的工作要求,为他们提供培训和支持,这些都是打造和谐团队的必要条件。建立积极关系,彼此尊重,助理教师也可以成为教育团队的重要成员,致力于为所有学生提供融合教育。

第十章

支持自己，就是支持他们
关爱自己

教过了形形色色的学生，米勒老师现在自信心爆棚，都够配上这身行头了。

"现在的老师面临的压力比过去要大得多。有时候，我觉得自己一直都在忙，忙着为考试做准备，忙着为学区争排名，忙着保住我的工作，哦，顺便还得忙着……进行差异教学、为残障学生提供支持。我经常回到家，吃完晚饭，打开电视，然后就睡过去了。第二天还得早早起床，周而复始。感觉现在需要多爱自己一点。"

——肖恩（普校教师）

作为一个教授、作家、顾问，最重要的是，作为两个孩子的母亲，朱莉非常需要不断地充电。因此，她觉得最难写的就是这一章。有一次，她把孩子们哄睡之后，马上就约了好朋友来到当地一家书店，那是一次难忘的心灵之旅。她拿了一本书，开始大声念。书上说，她应该"变成一棵盆栽"，或者想象自己"在一个峡谷里深呼吸，周围全是动物"。她的第一反应是："峡谷是什么？""周围都是什么动物？""危险吗？""狂躁吗？"她和朋友开始放声大笑，笑到其他顾客都斜眼看着他们。每个人关爱自己的方式都不一样，每个人都需要找到最适合自己的方式。本章并没有如何关爱自己的秘方，而是给出了一些建议或者例子，可能会对你有所帮助。如果教师自己都得不到充分的休息，没有健康的身体，对生活也不满意，就很难教育好自己的学生。不管你是通过什么方式缓解压力，跑马拉松也好，洗个澡也好，重要的是把注意力集中在自己喜欢的事情上，集中在能帮助自己缓解压力、保持健康和身心平衡的事情上。

教师的工作不容易。不过，还是那句话，值得做的工作都不容易。你可能会觉得这份工作很有收获，或者可能压力很大，或者每天都在变化。但是，有一件事是肯定的：照顾好别人的同时也要照顾好自己。从本质上讲，如果你不能满足自己的需求，就不能充分地给予别人。如果你自己还有问题无法解决，就无法帮助别人解决问题。你需要建立自己的支持体系。本章提出了一些办法，有助于你解决问题、建立关系网、照顾好自己。在这一章（也是这本书）的结尾，我们会重新定义教育工作者的工作职责。

建立支持体系

"如果你独自一人生活在这宇宙中，没有人可以交谈，没有人可以分享星星的美，没有人可以一起欢笑、一起感动，那你人生的目的是什么呢？是别人的生命，是爱，让你的生命有意义。这就是和谐。我们必须发现彼此的快乐，挑战的快乐，成长的快乐。"

——五月女贡（Mitsugi Saotome，1986，p. 1）

作为一名教育工作者，你需要一个关爱你、支持你的网络。你在工作场所感到孤立无援吗？你认为自己需要更多的支持吗？想想所有爱你、关心你的人。再想想，还有哪些人在工作中可能感到孤立无援。在自己的学校、班级或者年级，打造一个小团队，甚至是互帮互助的朋友圈。

打造支持团队

有个四年级的教育团队成立了一个支持团队，团队成员每周五早上轮流给大家带早餐，然后一起吃饭聊天，没有什么特别的安排。聊天轻松有趣，就是利用这个时间联络一下感情。他们每年安排两次星期六早餐聚会，邀请家人一起参加。一起吃饭的时候，大家对彼此都有更多了解，对彼此的爱人也有更多的了解。这些做法有助于培养团队的集体意识。

打造社群团体

有个学区的几位老师每周下班之后都约着一起做瑜伽，后来又开始一起跑步。这个聚会活动让他们建立了一个支持网络，既得到了锻炼，又呼吸了新鲜空气，还能边走边聊。

还有一群专业人士是在图书馆会面，他们组成了一个读书小组，读的书既有与工作相关的，又有单纯为了放松的，穿插着来。年初的时候，他们制订了自己的阅读清单。他们组织起来，最终说服了特殊教育主任使用专业发展基金购买了这些书[①]。

为取得的成绩欢呼

只要做出了成绩，无论大小，都值得庆祝，这是团队合作的重要组成部分。如果某位团队成员有哪件事做得很棒，一定要点赞！那位特教老师的嘻哈歌微课是不是讲得特别好？下课后一定要告诉她。普校老师这个月是不是帮着特雷沃尼达到了个别化教育计划中的读写能力目标？给他发个邮件，告诉他能跟他这样的老师合作是多么的幸运。和教学内容有关的拼读作业有点难，开始做之前，作业治疗师是不是给全班同学加油鼓劲儿来着？那就给她的邮箱里留张纸条："拼读作业简直太棒了！"

融合教育是一个广泛合作的过程，对学生、教师和整个学校都有很多好处，也取得了极大成功。与其他老师、相关服务提供者、管理人员、家长和学生分享团队的成功，这是给自己和学生加油鼓劲儿的好办法，也是在整个学校和学区宣传融合教育成功经验的好方法。请你的领导协助你定期举办研讨会，让不同的融合学校教育团队分享各自的技巧与策略，或者向他（她）咨询一下，想要与其他学区的教育团队交流成

---

① 编注：关注"华夏特教"公众号，获取本章附录的电子资源，其中包括一些有用的专业书籍和文章清单。

功经验，最好的方式是什么。

午餐会

在学校碰到有些事情不太顺利，想要努力调整的时候，能感受到集体的支持，特别有好处。有个年级组在每周四的午餐时间都开会，目的是围绕问题行为展开讨论。慢慢地，大家都习惯了把自己碰到的困难说出来。开完会以后，一周时间里，融合团队成员都会围绕这些问题互相提醒。他们会互相问一些问题，比如"你帮詹姆斯找到午餐时候一起聊天的朋友了吗？""你搞清楚怎么联系学区的辅助技术评估员了吗？""我能帮上忙吗？""那个棘手的家长会开得怎么样？"更重要的是，在工作午餐中团队成员解决了问题，分享支持建议。这支教师团队培养了大家的集体意识，提升了大家的安全感，这对他们坚持投入这项挑战性的工作至关重要。可以考虑在你的学校建立这种正式的支持网络。

鼓舞团队士气

有些人能用自己的正能量点亮一整天，我们都和这样的人一起共事过。这些人把问题看作是需要面对的挑战，不管什么情况，他们都能从中看到积极的一面，总是能用自己阳光的个性来鼓舞士气。我们都希望与这样的人一起共事，或者能和这样的人在一起待一会儿也好。他们真的可以影响我们自己的情绪面貌，因为积极的态度是可以传染的。

我们可能都遇到过对团队产生消极影响的人。这样的人看什么事都有可能带着消极和悲观的态度，或者眼睛只盯着问题，而不是解决问题。这些人也会影响团队的情绪或感受。我们希望你仔细考虑一下自己对同事和教育团队有没有积极的影响。你给学校带去的是什么样的能量？

你是一进门就热情地和每个人打招呼吗？还是一进门就公事公办的样子？或者可能和同事一开口就是抱怨或吐槽？

解决问题的时候，你倾向于采取什么方式说明问题？是让人感觉这个问题是可以解决的，还是直接提出解决方案？你会被这个问题卡住吗？还是会有一种"试了也没用"的态度？

回想一下上次与同事互动的情景。你给团队士气带来了什么影响？你的肢体语言是什么样的？语气是什么样的？说了什么，没说什么？你如何评价自己给团队士气带来的影响？你鼓舞了团队士气吗？还是既没鼓舞，也没拖后腿？你的态度是消极的，还是积极的？

再想想下次与同事或学生家长的会面或讨论。怎么才能从最开始就营造出一种积极的氛围，让对话富有成效？能幽默一点或者让气氛轻松点吗？能花上一两分钟，用心倾听同事的想法吗？你能保证自己以积极的态度开始对话而且自始至终保持这种态度吗？经常思考这些问题有助于保持积极向上的心态。这种做法不仅能带来更健康的工作氛围，还能带来更健康的精神面貌。

解决问题

虽然你已经快看完这本书了，也已经了解了很多不同类型问题或状况的处理方法和策略，但肯定还是会碰到让自己措手不及的问题，这是不可避免的。学会有效地解决问题也是对自己的关爱。系统地处理问题，研究可能的解决方案，就能更好地把握这些问题，也能更好把握自己对这些问题的反应。遇到难以解决的问题，可以考虑下面的思路或建议：

- 和学校其他老师谈谈。
- 把问题告诉和自己一起共事的老师。
- 和相关服务提供者谈谈。
- 坐下来仔细考虑这个问题：有没有什么办法能解决这个问题？把所有可能的解决方案都列出来。
- 和学生谈谈。
- 和校长谈谈。
- 和家长谈谈。
- 和助教谈谈。
- 把问题画出来。
- 出去散散步——在散步的时候什么别的都不想，只考虑如何解决问题。
- 和最好的朋友或搭档谈谈。一定要注意对学生的所有信息都要保密。

如果和别人谈谈或自己绞尽脑汁都没有用，还是没法找到一个新的解决方案，那么可能就需要一个分步骤解决方案，比如创意解难法（Creative Problem–Solving Process，CPS）。

创意解难法

创意解难法具有悠久的历史，是一种经实证检验有效的方法，强调以创新的方式处理和解决问题（Davis，2004；Parnes，1985，1988，1992，1997）。创意解难法是一种工具，可以帮助你重新定义一个问题，想出创造性的解决方法，然后采取行动来解决问题。老师在为学生提供支持的过程中可以使用创意解难法来解决问题。亚历克斯·奥斯本和西德尼·帕恩斯（Osborn，1993）对人们解决问题所需的步骤进行了广泛的研究，发现人们通常使用五步流程。下面对每个步骤都进行了详细解释。

分析问题

1. 厘清事实——描述你所知道的问题，或者你认为是问题的问题。关系到谁？什么情况？什么时候？什么地方？怎么回事？关于这个问题，哪些情况是真实的，哪些不是真实的？

2. 发现问题——搞清难点。换一个角度看问题。把这个句子补全：有没有什么办法能……？

集思广益

3. 找到思路——尽可能集思广益。不要急着判断这些思路是对是错，也不要急着表示赞成（既不要说"这个不管用"，也不要说"好主意"，因为这其实就是急着判断对错）。

准备行动

4. 找到解决方案——把上述想法和你心里的标准进行比较。你是根据什么判断自己的解决方案会不会有效的？这一步用到的标准可以参考表10.1。

5. 确定可行措施——制订一个循序渐进的行动计划。

下面是一个例子，从中可以看出在解决一个教育团队的具体问题时，上述五个步骤是如何发挥作用的。

特雷弗上一年级，课间休息的时候他会去操场玩，但是该回去上课的时候他怎么也不肯回去，教育团队也没想出什么好办法。特雷弗会四处乱跑，有时还藏起来，团队成员追不上他，也没法把他弄回教室。每次课间休息结束的时候，就好像在玩追人游戏似的，只不过团队成员追特雷弗的时候肯定很不开心。特雷弗还爬到滑梯顶上，如果有大人开始上滑梯，他就会滑下来。如果大人爬上去了，他就会从攀爬架那边爬下去。看起来很搞笑，但如果你是团队的一员，肯定就笑不出来了，只会感到沮丧和尴尬。他的团队分析了这种行为的沟通目的，认为特雷弗很可能是想表达他不想结束课间休息。可是，就算搞清楚了他的意图，也找不到什么办法把他弄回教室。他们知道特雷弗很难接受活动转换。整个团队坐了下来，使用创意解难法分析了这个问题，整个流程如表10.1所示。

关爱自己

在飞机上，空乘人员经常提醒大家，如果遇到紧急情况，需要戴上氧气面罩，应该先给自己戴，再帮孩子戴，你听到过吧？这条规则背后的理念是，如果发生坠机事件，你要确保自己有能力帮助孩子。可是，如果你吸不到氧气，就没有办法帮助他们。

从本质上讲，这就是我们所说的关爱自己的意义所在：在工作之余给自己滋养，这样就可以保证自己的工作状态，帮助自己的学生，给他们力量和支持。

表 10.1 创意解难法的实际应用

解决问题的步骤	特雷弗教育团队的实际应用
1. 厘清事实	等他出来是没用的。 至少要花 10 分钟才能把他带出操场。 不管谁离开操场，他都不理不睬——接着玩自己的。 他喜欢和朋友们玩追人游戏。 他很难适应活动转换。 从来没有人问过他需要什么。
2. 发现问题	我们怎样才能帮助特雷弗愉快地结束课间休息，迅速地回来上课呢？
3. 找到思路	使用罚时出局。 罚扣课间休息时长。 给他一个计时器或手表。 让同学帮忙领他进去。 看看他在外面到底能玩多久才回教室。 压根不让他出去进行课间活动。 做一张可以贴小花贴纸的表格（表现好就给小花贴纸）。 多给他点课间休息时间。
4. 找到解决方案	我们希望这个解决方案能……（满足何种标准）。 1. 让学生在同学心目中留下更好的印象。 2. 提高学生的独立性，或倡导同学互相帮助。 3. 引起学生的兴趣。 4. 提升归属感。 5. 增加与同学的互动。 6. 组织安排，并且实际可行。
5. 确定可行措施	团队结合上述标准中的三条，最终确定了解决这个问题的方案。他们先和特雷弗碰面，问他怎么可以帮到他（他们给他提供了一份帮忙清单）；特雷弗选了计时器和同伴支持。团队给了特雷弗一个计时手表，让他找个同学，计时时间到了的时候他就可以去找这个同学。当计时器响起的时候（离课间休息结束还剩 2 分钟），两个男孩找到了对方，然后一起去排队。问题解决了。

来源：Giangreco, Cloninger, Dennis, and Edelman (2002)；Osborn (1993)。

满足自己的基本需求

马斯洛（Maslow, 1999）明确阐述了人类的基本生理需求，这些需求包括氧气、食物、水以及合适的体温。像所有人一样，你要保证自己的需求得到满足之后才能帮助别人满足需求。你可能需要带些健康的零食去学校，让自己在一整天的工作中保持精力充沛，或者可能需要带一个水杯，这样可以保证补充水分。还有可能想带一件毛衣或者多穿几件衣服，许多学校的室内温度都变化不定。根据马斯洛的研究，比基本生理需求再高一个层次的需求是安全感和爱。周围都是爱自己的人，就会感到被爱、被支持。最后，你还需要每天晚上都有足够的睡眠。如果你身体疲惫、心情暴躁，那就更难做好教学准备了。这些需求是所有人身心健康的核心。

停下来，深呼吸，试试冥想

有些人很喜欢冥想，也有些人一想到冥想就会满头大汗。我们提供了几个办法，让你在忙忙碌碌的时候也能抽出时间进行正念冥想。使用这些办法的目的是花几分钟的时间让你的思想回归身体和头脑，以便减轻压力、保持精神健康。

走路时冥想 遛狗、徒步旅行的时候，朝着复印机或邮箱走去的时候，把注意力集中在一件事上，可以是蝉的声音，可以是地面的脚感，也可以是走廊墙上的艺术品、学生的声音或者花草树木的颜色。走神的时候，有意地把注意力拉回来。

红灯时冥想 上下班路上或者外出办事，遇到红灯的时候，专注于深呼吸。走神的时候，轻轻地让注意力重新集中到自己的呼吸上。

吃喝时冥想 吃饭喝水的时候，把注意力集中在食物或饮料的各种味道、口感、感觉上。走神去想其他事情的时候，平静地把注意力重新集中到自己的感觉上。

等待时冥想 排队时，在等候室等待时，或者等着学生从外边回来时，注意自己的呼吸或周围环境。利用这段时间做个"全身扫描"。肌肉紧张吗？感觉热吗？冷吗？身体有什么感觉？不管什么感觉都要注意，把关爱和安宁的能量转向出现那些感觉的地方。

做事时冥想 你还可以把正念冥想融入日常活动中。例如，洗手、叠衣服、开车上班、洗碗、批改试卷、做午餐的时候，都可以做个迷你冥想，把注意力集中在这些活动带来的体验和感受上，不让自己走神。

找一个出口

照顾好自己，这对保证工作状态、保持心态平衡至关重要。找到一些办法，在工作之余获取支持和力量。试试锻炼身体，比如瑜伽、跑步、散步、骑自行车、远足或游泳。或者试试放松精神的办法，比如玩游戏、阅读或写作。还可以试试更有创意的方式，比如绘画、雕刻、烘焙、烹饪、做剪贴簿，或者就是做个什么东西。试试宠自己一下，洗个澡、做个指甲或者做个按摩。或者给自己的情绪找一个出口，比如冥想、祈祷或瑜伽，保持自己的心态平衡。下面是一个简单的冥想练习。试试这个练习，让自己在漫长的一天之后平静下来，或者在工作前做好准备。

冥想练习：拿出 10 分钟试试

1. 找一个不被打扰的舒适环境。

2. 舒舒服服地坐着，闭上眼睛，把注意力向内转移。把脑袋放空，甩掉那些乱七八糟的想法。放松。

3. 感觉自己开始走神的时候，轻轻地把注意力重新集中到自己的内心。

4. 想坐多久就坐多久，感觉舒服即可；练习10分钟。

5. 做完冥想练习之后，回答下列问题：现在感觉如何？感觉精力充沛了吗？心思变得缜密了吗？静下心了吗？感觉放松了还是焦虑了？接纳这些感觉，试试找个时间再做一次冥想。

利用上述策略，可以让你感到心态平和、健康安宁。本书的附录列出了一些书目①，为你提供更多思路。

本章小结

正如前面提到的，我们认为自己需要不断学习，尤其是在关爱自己这方面。和学生打交道的时候，需要不断地向他们学习，也需要不断地为他们学习。我们希望这本书能成为你学习的动力。看这本书的时候，请你试试这些策略，一旦发现某个策略或思路有效，以后就可以再用。同时，请记住，每一个情境，每一位学生，每一个时刻都会带来新的东西。仔细回忆一下，哪些思路或策略起作用了，什么时候起作用的，怎么起作用的，这些都很重要。这个过程可能不断变化，这是不可避免的。一天工作结束的时候，想想下面的问题：(1) 今天有哪些思路或策略起作用了？(2) 哪些没起作用？(3) 明天想换个什么做法？

在这本书的结尾，我们会重新定义教育工作者的工作职责——这也是倡议大家换一种方式做事。感谢你读完这本书，希望你在帮助学生充分发挥学业和社交潜力的过程中一切顺利。

---

① 编注：关注"华夏特教"公众号，获取附录内容及更多电子资源。

融合教育工作者的工作职责：
学生对你的期待

希望你能听我说。希望你能向我学。希望你能用心听我说。希望你能向我提问。希望你能帮我更有归属感。希望你时刻准备帮我，也希望你能给我空间。希望你相信我有学习能力。希望你能帮我交朋友。希望你能设计超级有趣的课程。希望你能允许我有失败的时候。希望你能鼓励我独立。希望你总是好言待我。希望你能问我："你需要什么？"希望你能让我有安全感。希望你能用心待我。希望你能尊重我。希望你能温和亲切。希望你能问我："什么支持可能帮到你？"希望你能让我信赖。希望你能记住，我首先是个人。希望你能小点声，尽管我可能很大声。希望你能鼓励同学互相帮助。我难过的时候，希望你能为我擦干眼泪。希望你能吸引我的注意力。希望你能帮助我和同学联系、交流。希望你能相信我们可以发展友谊。希望你知道我没有信心。希望你能让我们一起创造、一起大笑、一起开心。希望你始终相信我有能力。希望你能以最善意的动机来解读当时的情况。希望你能激发我的好奇心。希望你不要控制我。我开心的时候，希望你能和我一起开心。希望你能让我自己选择。希望你能放松心情。希望你自己也能学习。希望你能问我："怎么才能更好地帮助你？"希望你能让我和其他同学一起学习。我做得好的事情，希望你能告诉我的父母。希望你能帮助我取得进步。我遇到困难的时候，希望你能帮我换个思路。希望你能深呼吸。希望你能退一步。希望你能慢慢撤出自己的支持。希望你说话的时候温柔亲切。希望你鼓励我的时候温柔亲切。希望你帮我换个思路的时候也温柔亲切。希望你能配合我的节奏。希望你能用爱心引导我。希望你能积极向上。希望你能给我空间。希望你能给我机会让我克服困难。希望你能看着我成长。希望你能接纳我。希望你能帮我融合。

作者简介

朱莉·考斯顿（Julie Causton，Ph.D.），威斯康星大学麦迪逊分校特殊教育博士，融合教育专家，致力于建设与维护融合教育环境。美国雪城大学教育领导学系融合教育专业教授，负责教授融合教育、差异教学、特殊教育法以及协作教学等课程，曾在《行为障碍》（*Behavioral Disorders*）《教育公平与卓越》（*Equity & Excellence in Education*）《特殊儿童》（*Exceptional Children*）《融合教育国际期刊》（*International Journal of Inclusive Education*）《儿童教育研究》（*Journal of Research in Childhood Education*）《艺术教育研究》（*Studies in Art Education*）《特殊儿童教育》（*TEACHING Exceptional Children*）等期刊上发表多篇论文。朱莉还与家庭、学校以及学区直接合作，努力打造真正的融合教育环境，参与指导校长领导力暑期学习班，专门探讨教育公平和融合教育相关问题，还与人一起主持了一个教育改革项目——未来教育。

切尔西·P. 特雷西-布朗森（Chelsea P. Tracy-Bronson，Ph.D.），一直致力于为残障人士争取权益，曾在小学任教，她的事业目标是实现融合教育、保证人人享有教育机会。切尔西毕业于哥伦比亚大学师范学院，在完成本书后不久，她在锡拉丘兹大学完成了学业，获得了特殊教育博士学位。她与学校和学区合作，改进教育服务，打造融合教育环境，提高特殊教育服务质量。她是新泽西州加洛韦市斯托克顿大学特殊教育研究生专业的助理教授，负责教授融合教育相关课程。她的研究领域和专业兴趣包括融合教育课程设计、融合学校领导学、差异教学、教育技术、融合教育环境中的重度残障学生支持以及融合教育相关服务保障等。

Originally published in the United States of America by Paul H. Brookes Publishing Co., Inc. Copyright © 2015 by Paul H. Brookes Publishing Co., Inc.

北京市版权局著作权合同登记号：图字 01-2022-6658 号

图书在版编目（CIP）数据

融合教育教师手册 /（美）朱莉·考斯顿(Julie Causton)，（美）切尔西·P. 特雷西-布朗森(Chelsea P. Tracy-Bronson) 著；陈烽，朴知雨译. -- 北京 ：华夏出版社有限公司, 2024.10
（融合教育实践系列）
书名原文: The Educator's Handbook for Inclusive School Practices
ISBN 978-7-5222-0652-3

Ⅰ.①融… Ⅱ.①朱… ②切… ③陈… ④朴… Ⅲ.①特殊教育－教学参考资料 Ⅳ.①G76

中国国家版本馆 CIP 数据核字(2024)第 092328 号

融合教育教师手册

作　　者	［美］朱莉·考斯顿　［美］切尔西·P. 特雷西-布朗森
译　　者	陈烽　朴知雨
责任编辑	马佳琪
出版发行	华夏出版社有限公司
经　　销	新华书店
印　　装	三河市少明印务有限公司
版　　次	2024 年 10 月北京第 1 版　2024 年 10 月北京第 1 次印刷
开　　本	787×1092　1/16 开
印　　张	13.5
字　　数	200 千字
定　　价	69.00 元

华夏出版社有限公司 　地址：北京市东直门外香河园北里 4 号　　邮编：100028
网址：www.hxph.com.cn　 电话：（010）64663331（转）
若发现本版图书有印装质量问题，请与我社营销中心联系调换。